Amor, saúde e futuro

Desde que me tornei mãe, em outubro de 2010, minha vida mudou por completo. Atualmente, minhas prioridades e minhas conquistas são em prol da minha pequena. É verdade, a vida ficou mais corrida e repleta de desafios diários, porém um sentimento de realização se faz presente desde o dia que peguei o tão sonhado "positivo" no teste de gravidez.

E assim como eu, você deve estar passando por muitas emoções diferentes neste momento: um mix de ansiedade, expectativa e, por vezes, medo. Saiba que isso é absolutamente normal, pois tudo que é novo e desconhecido gera uma dose de preocupação. Por isso, é muito bom ler sobre o tema – quanto mais você conhecer o universo infantil, mais preparada irá se sentir para segurar seu filho em seus braços.

Diante disso, nas próximas páginas, confira matérias sobre "Concepção do bebê", "Tipos de parto", "Desafios do pós-parto", "Amamentação", "Alimentação da mamãe" e "Desenvolvimento do bebê durante o primeiro e segundo anos de vida". Enfim, um grande levantamento dos principais pontos que deve conhecer sobre maternidade. Tendo essas informações em mãos, ficará mais fácil reconhecer o tipo do choro de seu bebê, por exemplo, ou então entender cada etapa do crescimento dele.

Por fim, saiba que a maternidade é uma grande benção na vida de qualquer mulher. E existem três palavras mágicas que regem nossa vida: amor – puramente incondicional, somos capazes de fazer qualquer coisa pelo bem-estar de nossos filhos; saúde – é o que mais desejamos constantemente (não há fato melhor do que acompanhar o crescimento saudável da criança); e futuro – tendo os dois primeiros itens, ficará mais fácil reger com maestria os caminhos de seu bebê.

Esperamos que curta cada detalhe apresentado a seguir. E lembre-se: qualquer dúvida extra que tiver, consulte seu obstetra e/ou pediatra. Um especialista preparado é a melhor pessoa para esclarecer qualquer problema.

Um grande beijo,

Aline Ribeiro

alineribeiro@editoraonline.com.br
www.revistaonline.com.br

On line EDITORA

PRESIDENTE Paulo Roberto Houch
VICE-PRESIDENTE EDITORIAL Andrea Calmon
redacao@editoraonline.com.br

REDAÇÃO Jornalista Responsável Andrea Calmon – MTB 47714
Editora Aline Ribeiro
Redatora Evelyn Moreto
Estagiárias Andressa Lara e Jeniffer Zdrojewski

ARTE Coordenadora de Diagramação Angela Cordoni Houck
diagramacao@editoraonline.com.br
Programação Visual Rodrigo Silva

FOTOGRAFIA Fotógrafa Fernanda Venâncio

PRODUÇÃO FOTOGRÁFICA Coordenadora Elaine Simoni elainesimoni@editoraonline.com.br

COLABORARAM NESTA EDIÇÃO Banco de imagens: Shutterstock
Texto e edição: Danielle Gaspar, Luciana Albuquerque e Tatiana Arcolini
Foto: Adriana Barbosa e Mônica Antunes
Produção: Sheila Rodrigues

PUBLICIDADE Gerente Comercial: Elaine Houch
Supervisores: Bernard Correa e Gisele França
Executivos de Contas: Ana Paschoal, Antonio Demésio, Camila Vinhas, Denise Abe e Luciana Lemes
Operações Comerciais: Joelma Lima
Designer Gráfico Publicidade: Monique Angelina
Representantes: Brasília: (61) 3034-3704/ Rio de Janeiro (21) 8884-8081/ Rio Grande do Sul: (51) 3374-5672

MARKETING Supervisor de Marketing: Vinícius Fernandes
Assistente de Marketing: José Antônio da Silva

CANAIS ALTERNATIVOS Departamento de Vendas Luiz Carlos Sarra (11) 3687-0099 vendaatacado@editoraonline.com.br
Logística e Armazenagem Luiz Carlos Sarra luizcarlos@editoraonline.com.br
Venda a Revendedores Luiz Carlos (11) 3684-0099 / 7727-8678 luizcarlos@editoraonline.com.br

ADMINISTRAÇÃO Diretora Administrativa Jacy Regina Dalle Lucca financeiro@editoraonline.com.br

CRÉDITO E COBRANÇA cobranca@editoraonline.com.br

ASSINATURAS assinatura@editoraonline.com.br

Impresso na China
Distribuição no Brasil Dinap

Guia O Seu Bebê é uma publicação do IBC Instituto Brasileiro de Cultura Ltda. – Cx. Postal 61085 – CEP 05001-970 – São Paulo – SP – Tel.: (0**11) 3393-7777.

Números Atrasados com o IBC ou por intermédio do seu jornaleiro ao preço da última edição acrescido das despesas de envio. Para adquirir com o IBC – www.revistaonline.com.br, Tel.: (0**11) 3512-9477 ou Caixa Postal 61085 - CEP 05001-970 - São Paulo - SP.

CIP-BRASIL. CATALOGAÇÃO NA FONTE
SINDICATO NACIONAL DOS EDITORES DE LIVROS, RJ

G971

Guia o seu bebê / Aline Ribeiro. - 1. ed. - São Paulo : On Line, 2014.
96p. : il. ; 28 cm

ISBN 978-85-432-0363-8

1. Recém-nascidos - Cuidado e tratamento. I. Ribeiro, Aline. II. Título.

14-16968 CDD: 649.122
CDU: 649.122
17.10.2014 17.10.2014

Sumário

Por Danielle Gaspar

O início de UMA NOVA VIDA

Entenda como se dá a formação de um feto a partir do momento da fecundação

A partir da menstruação, pela ação de hormônios produzidos pela glândula hipófise, milhares de folículos começam a amadurecer no ovário. Por volta do 14° dia do início de um ciclo menstrual normal – de 28 dias –, apenas um óvulo maduro é liberado de um dos ovários, pronto para ser fecundado.

Ele é, então, captado pela trompa de Falópio e, dentro dela, sobreviverá, em média, 24 horas. A partir daí, o óvulo pode ter dois destinos: se degenera, sendo liberado pelo ovário, caso não ocorra a fecundação; ou, com a ajuda de milhões de cílios contidos na trompa de Falópio, ser impulsionado para que se encontre com o espermatozoide, resultando na fecundação.

A fecundação

Enquanto isso, no organismo do homem, durante a

ejaculação são expelidos, aproximadamente, de 200 a 500 milhões de espermatozoides, que correm em direção ao óvulo. Uma corrida cheia de dificuldades, em que apenas um vai conseguir penetrar no núcleo do óvulo.

A maior parte dos espermatozoides se perde ou torna-se imóvel pelo caminho. Caso não haja um óvulo liberado pelo organismo da mulher, eles sobrevivem cerca de 48 horas, podendo chegar até 72 horas.

Durante essa jornada, os espermatozoides vão percorrer um longo caminho: cerca de 20 centímetros (essa é a distância entre o canal vaginal e a trompa). Alguns se perdem, enquanto os mais velozes agitam suas caudas em direção ao seu objetivo.

Os sobreviventes iniciam, então, mais uma etapa: a penetração. Eles tentam se infiltrar através de uma forte membrana protetora do óvulo. Finalmente, vencem a barreira e apenas um deles se infiltra no óvulo, que se fecha, impossibilitando a entrada de outros. Essa é uma misteriosa reação do organismo, que faz que apenas um espermatozoide seja selecionado.

A cabeça do espermatozoide penetra no óvulo e, em seguida, perde-se a cauda. Enfim, óvulo e espermatozoide se unem e começam a formar uma nova vida.

Toda essa aventura microscópica é responsável pela formação de um novo ser, que levará consigo as características genéticas do pai e da mãe, desde os momentos iniciais da concepção. Cerca de 20 horas após a junção do óvulo com o espermatozoide, acontece a primeira divisão das células.

A implantação ou nidação

A partir daí, dá-se início às 38 semanas – que podem chegar a 40-42 –de transformações e de desenvolvimento fetal. É o milagre da vida, da criação de um novo ser humano.

Para entender melhor, a mulher concebe o bebê no momento em que ela ovula, o que acontece, em média, no décimo quarto dia do ciclo menstrual. Ao contrário do que muitos pensam, a concepção acontece fora do útero, na região localizada na ponta da trompa, local onde o óvulo se funde ao espermatozoide.

A partir daí, o ovo vai viajar até chegar à cavidade do útero. Essa jornada leva por volta de uma semana, quando, então, ele se implanta no útero.

EVOLUÇÃO SEMANA A SEMANA

Veja como acontece o desenvolvimento do bebê e quais reações você vai sentir

Tudo parece mágico. Assim que a gravidez é constatada por meio dos exames, um filho começa a fazer parte da sua realidade. E a cada dia, aquele serzinho tão pequenino e frágil cresce e se desenvolve "dentro de você". Desde a primeira divisão das células, o milagre da natureza se inicia. Você pode estar se perguntando: "Nossa, estou grávida mesmo? Puxa, daqui a nove meses um bebê estará totalmente formado e pronto para que eu possa amá-lo?" Um misto de felicidade, insegurança, medo e até mesmo negação. Afinal, nem sempre a gravidez foi desejada. Mas não importa! Esses sentimentos são pertinentes e naturais. Basta saber que esse bebê precisa de amor, carinho e cuidados. E, ao contrário do que se pensava no passado, ele tem capacidades incríveis, mesmo estando dentro do útero. Ele sente, dorme, acorda, chupa o dedinho e até dá cambalhotas. Sobre o mistério da criação, cada um possui suas convicções pessoais, mas uma coisa é certa: esse bebê que está a caminho será a coisa mais importante da sua vida, e o vínculo entre vocês deve começar desde já. Por meio de informações e fotos incríveis, acompanhe passo a passo e saiba tudo o que acontece com seu filho, antes mesmo de ele nascer.

1ª A 4ª SEMANA

Nesta fase, as células estão em constante multiplicação: de uma única célula, o ovo se transforma em duas, depois em quatro, e assim por diante. No final da terceira semana, o feto é apenas uma bolinha, cheia de células, sem a presença de nenhum membro. No entanto, as características genéticas e o sexo já foram definidos.

Uma bola oca, chamada de blastocisto, vai se transformando e, dentro dessa minúscula circunferência, começam a surgir os grupos de células. No começo, eram uma coisa só, todas iguais. Agora, cada uma começa a adquirir certa ordem para dar origem às diferentes estruturas do corpo humano.

Por volta da quarta semana de gestação, inicia-se um processo conhecido como organogênese, que nada mais é do que a formação dos órgãos internos. Esse processo se dá quando aparece os primeiros órgãos do embrião (que mede cerca de 3 mm): o sistema nervoso central e o tubo neural. Depois, uma parte das células do ovo começa a dar origem à placenta, ao saco gestacional, à vesícula vitelínica, ao cordão umbilical e aos vasos sanguíneos, enquanto a outra parte forma o embrião propriamente dito.

No final da terceira semana, o feto é apenas uma bolinha, cheia de células, sem a presença de nenhum membro. No entanto, as características genéticas e o sexo já foram definidos.

PARA SABER

O FETO SORRI E CHORA!

Com a inovação tecnológica, é possível visualizar, no ultrassom 4D, imagens nunca antes vistas nos tradicionais exames em 2D.

Por meio dessa inovação, pesquisadores britânicos descobriram que os bebês sorriem, choram e piscam ainda na barriga da mãe. Até então, acreditava-se que eles aprendiam a sorrir depois do nascimento, imitando suas mães.

5ª A 8ª SEMANA

Nesta fase, a placenta está em formação e ainda é um envoltório. No final da quinta semana, o coraçãozinho do bebê já funciona, começando a bater por volta do 26° dia de vida. O embrião é extremamente pequeno, com cerca de 2 a 3 milímetros. Durante esse período, os órgãos vão crescer e se desenvolver, num processo chamado de embriogênese. É uma fase muito importante, pois o bebê está em formação, sendo, portanto, bastante vulnerável. Daí a necessidade de a mãe tomar os cuidados necessários para evitar supostos riscos.

Todo aquele agrupamento de células do início da concepção, que dará origem às estruturas do organismo humano, também se desenvolve juntamente com o coração. Os outros órgãos estão sendo constituídos; assim, apenas a parte central do organismo – o tronco – fica em destaque.

O embrião apresenta uma microscópica ponta, que vai dar origem à cabeça. Ao final da sexta semana, observando-se através de um microscópio, é possível perceber algumas características humanas, como as orelhas, os olhos e o nariz em formação. No começo da sétima semana, o bebê chega a medir quase 1,5 centímetro. No ultrassom, ele é apenas um grão de arroz com um pontinho no meio, que nada mais é que seu minúsculo coração. Ao final da oitava semana, membros como pernas e braços surgem, mas ainda sem dedos definidos, estando grudados uns nos outros, como uma espécie de pata. O bebê já é capaz de se movimentar graças ao seu sistema muscular primitivo, embora você ainda não possa senti-lo. Tais movimentações só podem ser observadas no ultrassom.

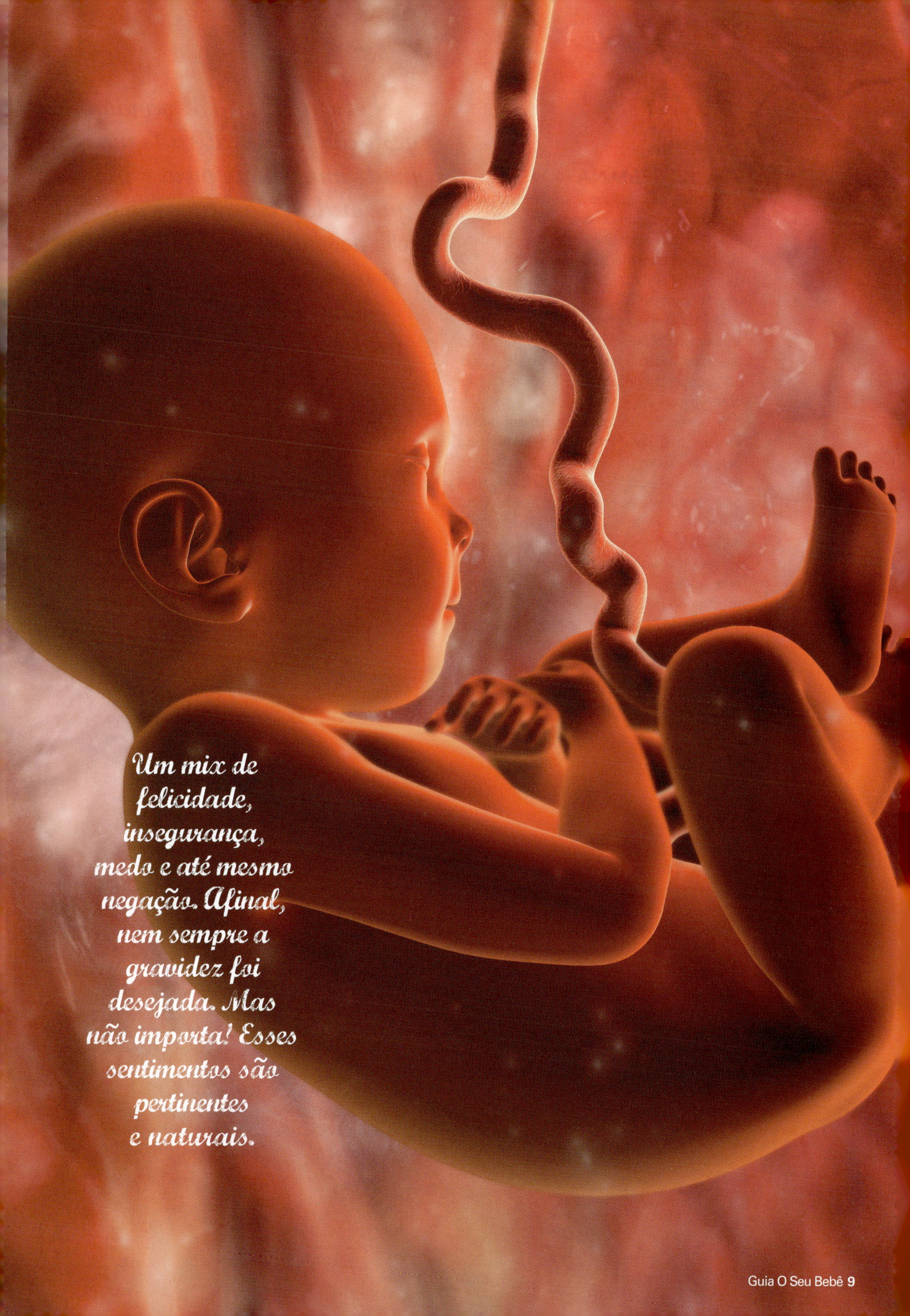

Um mix de felicidade, insegurança, medo e até mesmo negação. Afinal, nem sempre a gravidez foi desejada. Mas não importa! Esses sentimentos são pertinentes e naturais.

Entre a 11ª e a 13ª semana de gestação, será realizado um exame muito importante para o pré-natal, que mede a translucência nucal. O bebê possui vários liquidos atrás do pescoço, por meio dos quais os médicos podem identificar possíveis doenças genéticas, como a Síndrome de Down.

9ª A 12ª SEMANA

O grande destaque que marca esse período é o aparecimento dos membros e o fato de o coração começar a pulsar rápida e fortemente, podendo chegar a 200 batimentos por minuto. Na verdade, parece uma "locomotiva".

O feto já mede cerca de 8 cm e pesa, aproximadamente, 15 gramas. A formação óssea se inicia e os depósitos de cálcio no pequeno organismo já podem ser observados.

A partir da décima semana, os dedos surgem, mas sem articulações nem muita definição. Com 11 semanas, o osso que reveste a cabeça já se encontra formado. A pele também está constituída, assim como todas as estruturas dos órgãos. Unhas delicadas e minúsculos pelos também surgem por volta da 11ª semana. O bebê está muito ativo, mexendo-se bastante, mostrando uma vitalidade incrível. Com 12 semanas de vida, o feto apresenta um dos seus primeiros reflexos: o da deglutição. Assim, o bebê produz urina e a elimina no líquido da bolsa amniótica. Possui orelhas bem desenvolvidas com lóbulos e pálpebras fechadas sobre os olhos.

PARA SABER

SENTINDO O BEBÊ

Sentir o bebê mexendo dentro do ventre é uma das sensações mais esperadas durante os nove meses. Não existe um período certo para que isso ocorra, mas, em média, a futura mamãe percebe os primeiros movimentos por volta da 23ª semana. No começo, eles são vagarosos e quase imperceptíveis. Depois passam a ser vigorosos e, às vezes, vistos por fora da barriga. Quando o bebê se movimenta para um lado, o ventre materno vai tomando formas diferentes. De repente, dá para sentir um cotovelo ou um joelho abaixo das costelas.

13ª A 16ª SEMANA

O processo de crescimento desde a concepção é bem linear. Desde a sétima semana, o feto passa a crescer um centímetro por semana. Em termos de estrutura, os órgãos genitais se definem. Pelo ultrassom, pode ser possível visualizar se o bebê é uma menina ou um menino, e ele já mede cerca de 14 centímetros e pesa quase 90 gramas.

Entre a 11ª e 13ª semana de gestação, é realizado um exame muito importante para o pré-natal, que mede a translucência nucal. O bebê possui vários líquidos atrás do pescoço, por meio dos quais os médicos podem identificar possíveis doenças genéticas, como a Síndrome de Down.

O bebê já se mexe à vontade, ao contrário do início da gestação, quando ele ainda não possuía o controle das mãos e dos pés. Por volta da 15ª semana, o feto realiza movimentos bem específicos, como abrir e fechar as mãos, esticar os braços e dobrar as perninhas. Além disso, movimenta-se muito e, daqui a duas ou três semanas, esses movimentos poderão ser sentidos pela mamãe.

Ao final deste período, ele já tem sobrancelhas, cílios e uma fina lanugem na face e no corpo. O médico, geralmente, consegue ouvir os batimentos cardíacos por meio de um aparelho chamado de "sonar".

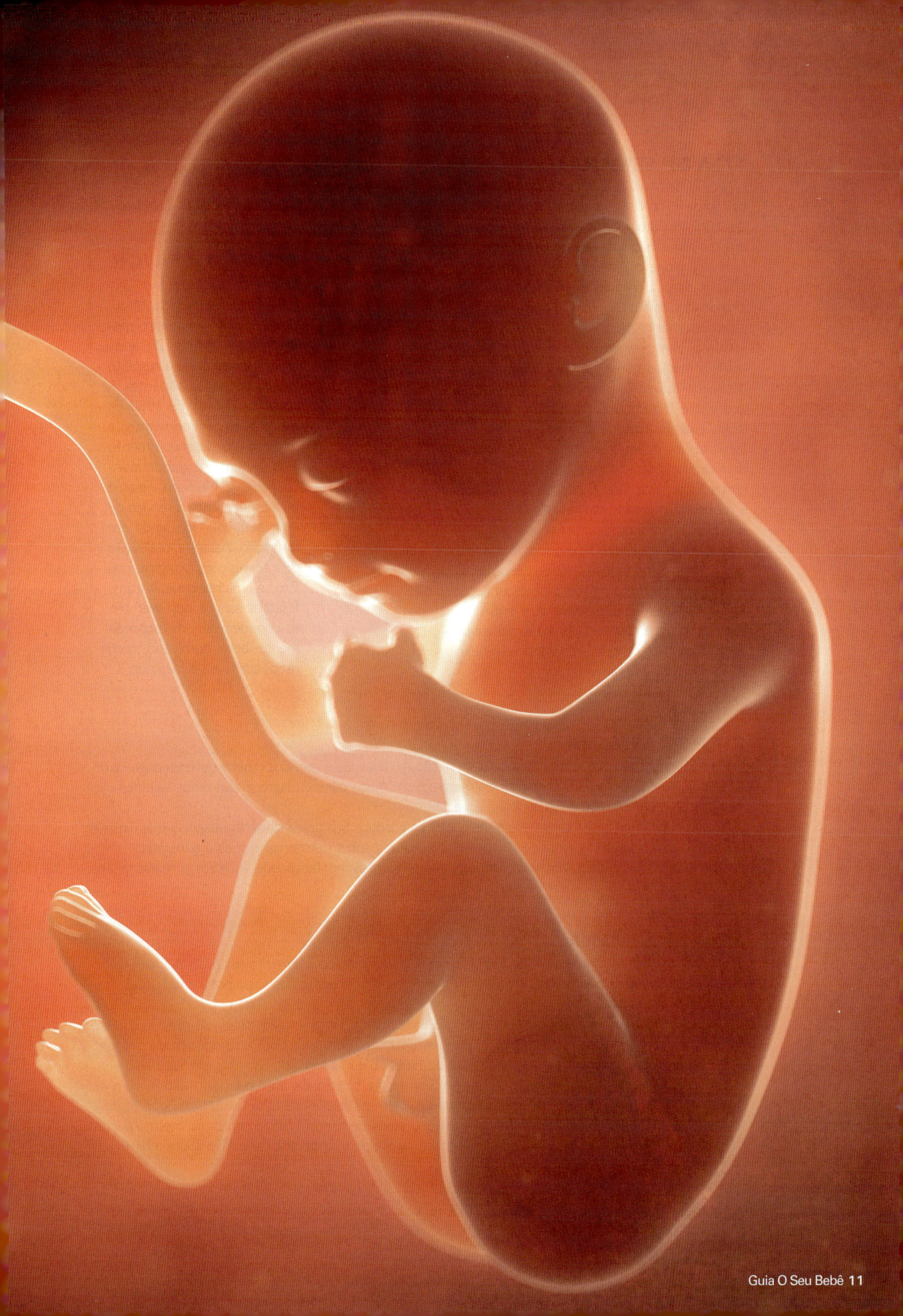

Na 27ª semana, acontece um fato importante: o final do desenvolvimento físico do pulmão, muito embora esse órgão, por enquanto, não funcione.

17ª A 20ª SEMANA

Na 18ª semana, o feto começa a perceber os sons e a desenvolver sua capacidade de audição. Uma característica importante, em termos clínicos, é que o bebê, com 20 semanas, atinge o tamanho de 20 cm e pesa 300 gramas, a condição perfeita para ser examinado minuciosamente por meio do ultrassom morfológico.

Como existe muito espaço ao redor do bebê, o médico consegue realizar um estudo detalhado sobre suas estruturas. Não é à toa que existe o tempo certo para a realização desse exame, pois, passadas as 20 semanas, torna-se um pouco mais difícil a visualização da morfologia fetal. Uma curiosidade: o bebê tem soluço nesta fase! E não se assuste, pois a cabecinha é grande em relação ao restante do corpo.

A pele começa a ter uma espécie de gordura, um revestimento externo, além de descamar. O bebê já é capaz de distinguir e de reconhecer a voz materna. Por isso, converse e entre em contato com ele. Outro dado é que ele chupa vigorosamente o polegar, preparando o reflexo de sucção para a amamentação.

PARA SABER

ESTUDOS A FAVOR DO FETO

Antigamente, a vida intrauterina era um verdadeiro mistério. Nos últimos 20 anos, muito se descobriu a respeito desses pequenos pacientes. A partir da década de 1980, os estudos e conhecimentos a respeito do desenvolvimento fetal tiveram um grande avanço. Hoje, a Medicina Fetal é uma especialidade a serviço de uma pequena vida, ainda em formação. Assim, a realização de intervenções cirúrgicas nos fetos é uma realidade. A transfusão de sangue, por exemplo, é considerada um procedimento bem dominado, com riscos aceitáveis e mínimos.

21ª A 24ª SEMANA

Com 20 semanas, você está na metade da gestação. Ao final da 24ª semana, o bebê deve ter engordado, chegando a pesar cerca de 600 gramas e a medir 26 cm. Ainda parece magro, e seus olhos salientes não se abrem. No entanto, ele ouve perfeitamente.

A cada dia, o nenê ganha mais peso e depósitos de gordura. Sua pele está se espessando, mas ainda é possível visualizar os vasos sanguíneos, fininhos e delicados, sob a derme translúcida e enrugada.

Ocorrem períodos de sono, intercalados com intensa movimentação, que, às vezes, é reacional aos estímulos externos.

25ª A 28ª SEMANA

Na 27ª semana, acontece um fato importante: o final do desenvolvimento físico do pulmão, muito embora esse órgão, por enquanto, não funcione. Além dele, outro órgão que passa por grandes mudanças nesse período é o cérebro.

Desde a 26ª semana, o bebê sente dor. "Nos casos de possíveis intervenções cirúrgicas realizadas nesse período, como ao introduzir uma agulha, os bebês apresentam reações de dor", assegura o médico Adolfo Liao, coordenador do serviço de Medicina Fetal do Hospital e Maternidade São Luiz, em São Paulo.

Com 28 semanas, o peso do bebê dá um salto e chega a 1 quilo. Ele abre e fecha os olhos, além de bocejar. "As papilas gustativas estão se formando; ele já tem paladar e identifica os sabores doce, ácido e amargo", explica a ginecologista Renata M. Bellizia Scarabichi de Faria. Os movimentos ou mesmo partes do nenê, como pés ou nádegas, podem ser sentidos por você quando colocar a mão sobre a barriga.

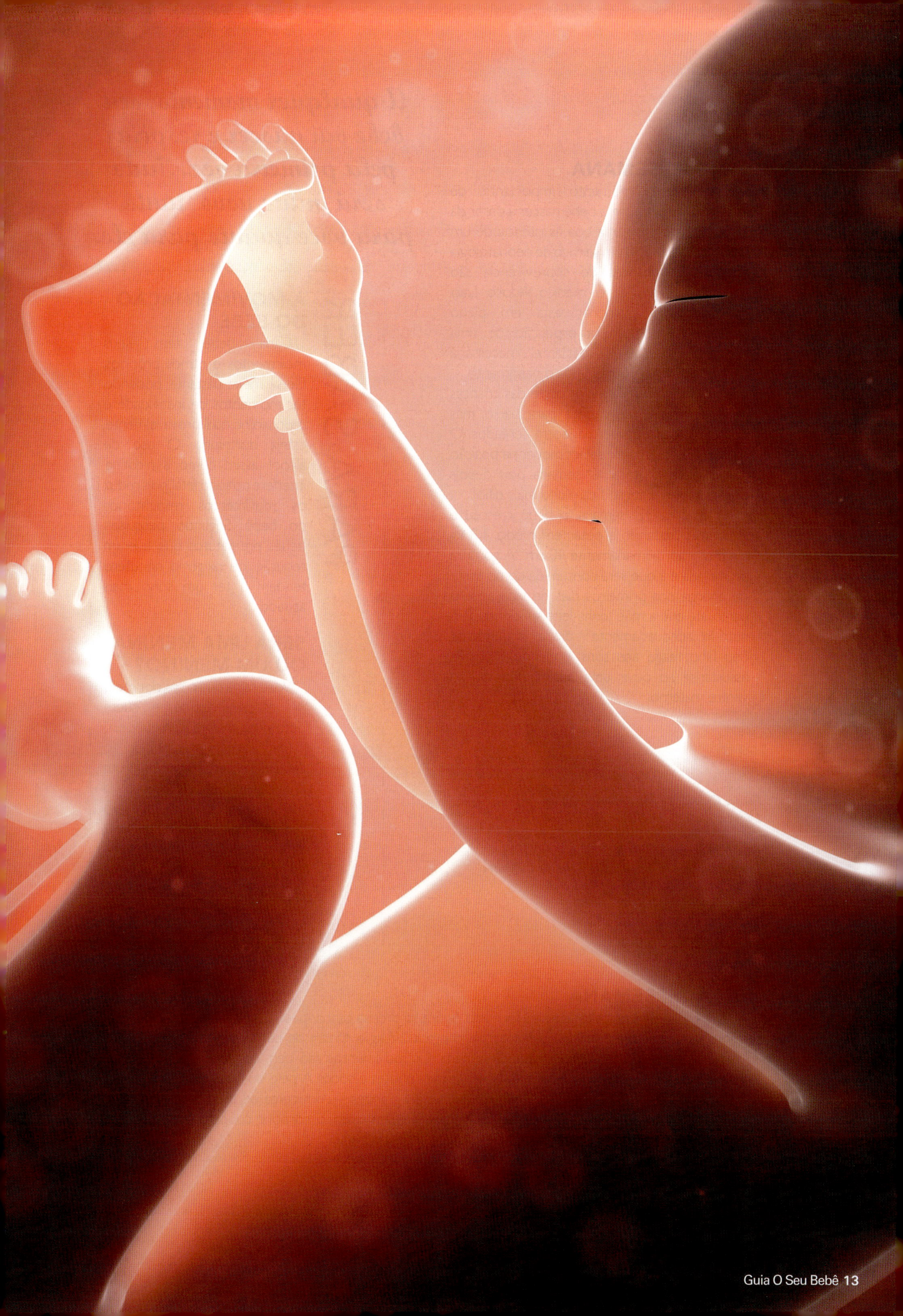

A qualquer momento, seu bebê vai nascer e respirar pela primeira vez. Tudo será muito novo, tanto para você quanto para ele.

29ª A 32ª SEMANA

"Este é um momento importante, de viabilidade. Ou seja, se o bebê nascer a partir da 28ª semana e tiver uma boa assistência de um berçário equipado e um serviço de neonatologia eficiente, as chances de sobrevivência são muito boas", explica o médico Adolfo Liao. A maturidade pulmonar está em pleno desenvolvimento com a produção de uma substância chamada "surfactante", necessária para a respiração normal após o nascimento.

Com 30 semanas, a maior parte das crianças já se posicionou de cabeça para baixo, mas existem bebês que permanecem sentados. O limite máximo para ele se acomodar na posição para o parto é até a 36ª semana, pois, depois disso, a movimentação fica muito mais difícil.

Ao final da 32ª semana, o bebê cresceu e engordou, passando a pesar, em média, 1,8 kg e a medir aproximadamente 40 cm. "A gordura acumulada é a que será consumida como fonte de energia nos primeiros dias de vida após o parto, até que a mãe tenha leite suficiente para nutri-lo adequadamente", diz a dra. Renata. Seu filho reage aos sons, podendo, inclusive, assustar-se ao ouvir uma buzina próxima ao ventre materno.

Fonte: Gravidez e Nascimento. São Paulo: Universidade de São Paulo, 2002. Livro Gravidez Dia a Dia, Sheila Kitzinger e Vicky Bailey. Quadro apresentado no livro Gravidez Saudável – Guia Prático da Gestação ao Bebê, dra. Renata M. Bellizia Scarabichi, Editora Lemos.

PARA SABER

A MOVIMENTAÇÃO DO BEBÊ

Cada bebê tem seus movimentos e ritmos próprios. Ele se mexe bastante, podendo ter momentos de inatividade e repouso, no qual, provavelmente, esteja dormindo. O uso de álcool, assim como a nicotina, interfere no sono fetal, pois reduz os movimentos respiratórios do bebê. Segundo pesquisas, bebês prematuros que tiveram redução de oxigênio no útero tendem a ter um sono mais agitado.

SERÁ UMA MENINA OU UM MENINO?

Você sabia que o pai, por meio do espermatozóide, é quem determina o sexo do bebê?

Para entender melhor, o óvulo sempre contém um cromossomo X, enquanto o espermatozóide possui um cromossomo X ou Y. Portanto, se o óvulo for fecundado por um espermatozóide Y, o bebê será um menino. Caso contrário, se o espermatozóide for X, será uma princesinha.

33ª A 36ª SEMANA

O bebê já se encontra totalmente formado. Agora, só precisa ganhar peso. Os movimentos respiratórios começam a aparecer. Com 36 semanas, ele chega a 2,7 kg e 45 cm de comprimento. A partir daí, ele terá um acréscimo de 200 gramas por semana. Os movimentos são bem discretos, pois o ambiente está apertado e limitado. Assim, você vai sentir mais chutes e socos. A pele do bebê está rosada e mais resistente, a audição intensifica-se e os cabelos estão grandes – com cerca de 5 cm de comprimento, respeitando as características genéticas de cada um. Além disso, o corpo é coberto por lanugo, uma espécie de penugem fina e macia, que desaparece antes do parto.

37ª A 40ª SEMANA

Com 37 semanas, o bebê é considerado maduro, isto é, de acordo com os especialistas, a partir dessa idade gestacional, a criança nasce perfeitamente bem. Pesa, em média, 3 kg e mede 48 cm. As unhas estão compridas, podendo arranhar. Surgem as primeiras contrações, que são sentidas também pelo bebê, já que ocorre uma pequena diminuição de oxigênio. Vale ressaltar que tudo isso é normal para ele.

Nessa fase, o bebê pratica movimentos de respiração, engole, suga e elimina enzimas. Por volta da 38ª semana, a quantidade de líquido amniótico é maior em relação aos demais estágios da gravidez. A pele está coberta pelo vérnix caseoso, que dá o aspecto de grumos brancos no líquido amniótico, determinando o grau de maturidade fetal.

A qualquer momento seu bebê vai nascer e respirar pela primeira vez. Tudo será muito novo, tanto para você como para ele. Conhecer o seu rostinho, acariciar suas mãozinhas, ouvir o primeiro choro, a primeira respiração, a primeira mamada, o primeiro toque. Tudo será maravilhoso. Assim, o cordão umbilical será cortado, mas o vínculo entre ambos continua...

EVOLUÇÃO DA GESTAÇÃO

GRAVIDEZ	FORMAÇÃO DO FETO	TAMANHO E PESO
4ª semana	Tubo neural: início da formação do sistema nervoso central	3 mm
5ª semana	Proeminência ventral: início da formação do coração, do desenvolvimento dos membros e do intestino	6 mm/ 0,5 g
8ª semana	Formação das pálpebras, da ponta do nariz e do ouvido. Movimentos fetais visíveis no ultrassom	2 a 2,5 cm/ 2 g
12ª semana	Unhas; produção de urina; movimento do intestino e movimentação dos olhos	8 cm/ 14 g
16ª semana	Cordão umbilical; movimentos respiratórios; ossificação do esqueleto; sucção dos dedos da mão; sexo visível	12 a 14 cm/ 150 g
20ª semana	Visualização completa de todas as estruturas fetais; início do depósito de gorduras; sistema nervoso central; deglutição	20 cm/ 300 g
24ª semana	Surgem cabelos e sobrancelhas; pele enrugada; percepção dos batimentos cardíacos; funcionamento do fígado e pâncreas	25 cm/ 600 g
28ª semana	Pele fina e avermelhada coberta de vérnix; audição dos sons; abre e fecha os olhos; começa a enxergar	30 a 35 cm/ 1.000 g
32ª semana	Inicia-se a maturidade pulmonar; aumento da camada gordurosa e muscular; aumento da movimentação e da flexibilidade	40 cm/ 1.800 g
36ª semana	Passa a se orientar em relação à luz; a audição para sons intensifica-se; aumento dos movimentos respiratórios	47 cm/ 2.700 g
37ª semana	Sistemas nervoso; pulmonar e digestório amadurecidos; pele mais resistente	48 a \52 cm/ 3.000 g

Por Danielle Gaspar

Carinho e apoio PARA A GESTANTE

Conheça o trabalho das doulas, mulheres que acompanham e apoiam a grávida no pré-natal e durante o trabalho de parto

Do grego, a palavra doula significa a "mulher que serve", mas está longe de transmitir uma ideia de submissão e obediência. As doulas dos dias de hoje são mulheres que se dedicam intensamente ao amparo físico e emocional das futuras mamães antes, depois ou até mesmo durante o parto. Em função dos males que a modernidade acaba trazendo, como a individualização e o afastamento familiar por questões geográficas e até financeiras, a gestação, realmente, não é mais como antigamente.

Hoje, a tecnologia está muito mais avançada e, na área obstétrica, esse progresso fez que se perdesse o acolhimento e o afeto feminino tão comum entre as mulheres mais experientes que adentravam as casas não só para passar experiências, mas também para dar apoio e carinho à gestante. Eram as irmãs, as vizinhas e as avós que, não só no momento do parto, mas inclusive nas primeiras semanas de vida do bebê, estavam sempre na casa da recém-mamãe cuidando dos afazeres domésticos, cozinhando e ajudando a tomar conta das outras crianças.

Naturalmente, a assistência à grávida passou para as mãos de uma equipe especializada com função muito bem determinada para cada profissional. Obviamente, a inevitável instrumentalização trouxe inúmeros benefícios. Contudo, na maioria dos casos, ela virou sinônimo de mecanização, ou seja, a objetividade e o comprometimento tomaram totalmente o espaço do afeto e do carinho, sentimentos e sensações fundamentais para a mamãe ter segurança durante o trabalho de parto.

O papel da doula é justamente acompanhar e dar suporte à mãe e também ao pai. Ela orienta e ajuda a gestante a se preparar, física e emocionalmente, para o parto. No Brasil, já não é tão difícil encontrar algumas mamães que vivenciaram a experiência de ter uma doula durante os meses de gestação. Carla Coelho é um exemplo de mulher que comprou a ideia e optou por ter uma doula durante sua gravidez. Para ela, essa profissional significou "uma amiga, confidente e teve papel decisivo no final do meu trabalho de parto", revela.

Trabalho em equipe

Para Ana Carolina, o relacionamento com a doula tornou-se um elo muito forte. "Sabia que era a pessoa que estava entendendo tudo o que se passava comigo, me fazendo sentir melhor, mais segura, integrada e assistida. E, mesmo depois do parto, ela se manteve ao meu lado", revela.

Não só a relação entre a doula e a gestante pode garantir uma vivência mais tranquila na gravidez. A participação do obstetra no processo é igualmente importante, já que a doula é a profissional que tem como função facilitar as relações. Ela não pode – nem deve – ser vista como uma interferência ou uma intrusa.

Uma das referências no trabalho com doulas no Estado de São Paulo é o dr. Adailton Salvatore Meira, médico-obstetra há mais de 18 anos. Em 2001, organizou, em sua clínica, um curso de formação para doulas, apostando toda sua experiência e ressaltando a importância do papel dessa mulher não só na gestação, mas também durante o trabalho de parto.

A doula não executa qualquer procedimento médico, não faz exames nem cuida da saúde do recém-nascido. Ela não substitui qualquer um dos profissionais tradicionalmente envolvidos na assistência ao parto. Também não é sua função discutir procedimentos com a equipe ou questionar decisões. Ela apenas fica ao lado da parturiente dando apoio afetivo, emocional e segurança. "É alguém que fica ao lado para o que der e vier", ressalta.

Se quiser investigar mais a respeito, o site www.doulasdobrasil.com.br oferece uma gama de profissionais qualificadas que se reúnem para divulgar seu trabalho e aperfeiçoar-se cada vez mais. Os depoimentos demonstram que a contribuição dessas mulheres durante a gravidez desperta uma relação de confiança eficiente que se traduz num trabalho de parto no qual a futura mamãe só tem a ganhar.

Fonte: Doulas do Brasil (www.doulas.com.br)

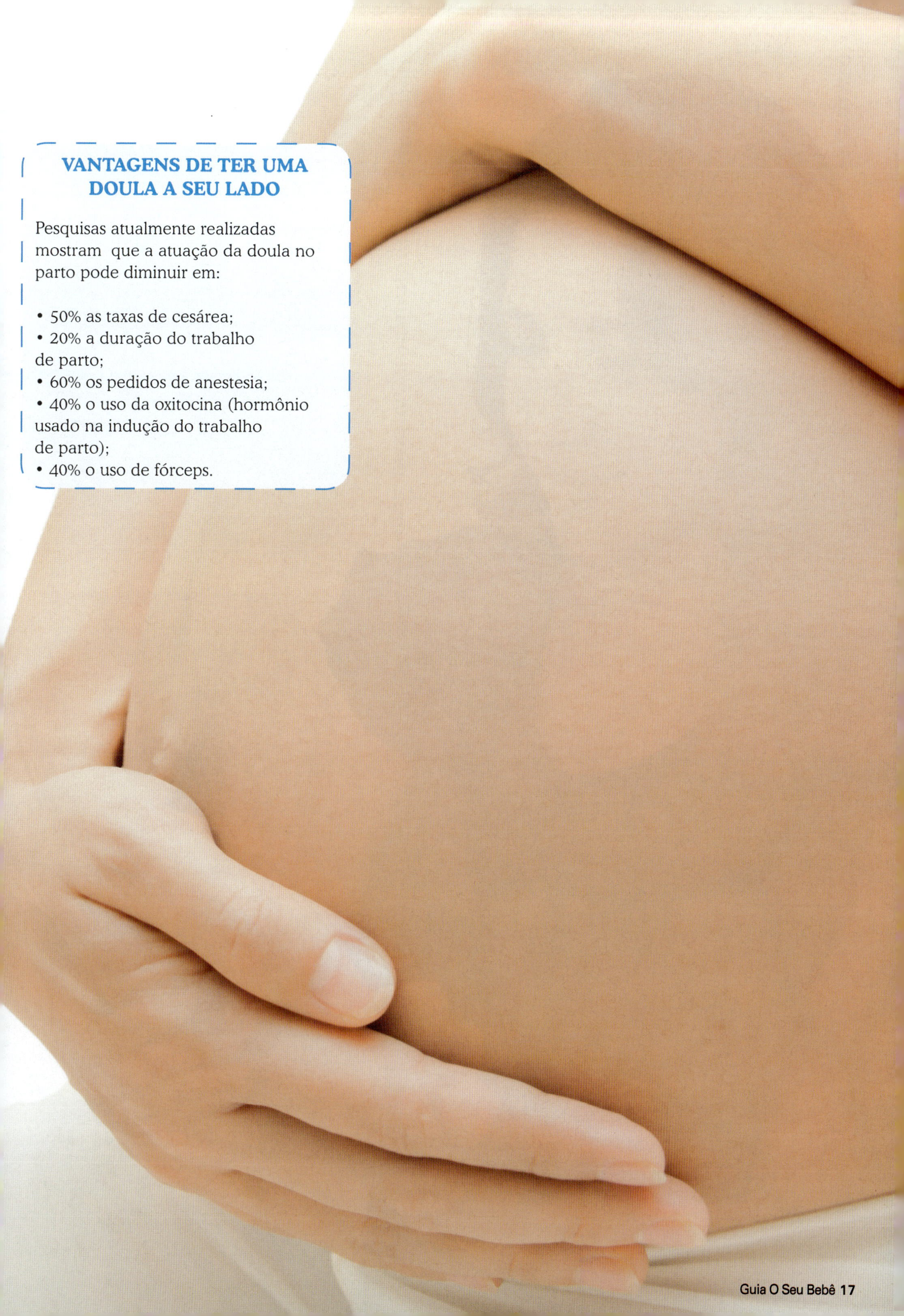

VANTAGENS DE TER UMA DOULA A SEU LADO

Pesquisas atualmente realizadas mostram que a atuação da doula no parto pode diminuir em:

- 50% as taxas de cesárea;
- 20% a duração do trabalho de parto;
- 60% os pedidos de anestesia;
- 40% o uso da oxitocina (hormônio usado na indução do trabalho de parto);
- 40% o uso de fórceps.

BRASILSAUDE

Quem será o médico DO MEU FILHO?

Dois meses antes de o bebê nascer é o momento ideal para procurar um pediatra

Pode parecer excesso de zelo, mas pesquisar um bom pediatra antes do nascimento do bebê é garantia de segurança e tranquilidade. A escolha não é fácil. Por isso, o tempo é determinante, já que, logo depois de o pequeno nascer, ele deverá passar pelo médico, e não é prudente ficar "testando" profissionais.

O caminho é procurar indicações de amigos e do obstetra. Devem-se levar em conta vários fatores: se a linha de tratamento está de acordo com as suas crenças, se o consultório fica próximo à residência, a disponibilidade do profissional para casos de urgência, títulos e capacitação técnica e, claro, se tem jeito e paciência com criança. Verifique, também, se é membro da Sociedade Brasileira de Pediatria. E lembre-se de que a empatia entre paciente e profissional também conta, pois serão anos de convívio.

Quando nem tudo dá certo

Sua amiga indicou um pediatra maravilhoso, mas você não pode pagar a consulta. O que fazer? Essa é uma realidade na maioria dos lares. A família conta com um seguro de saúde, mas nem sempre o médico escolhido pertence ao plano. E pagar uma consulta avulsa fica fora do orçamento doméstico, já que costumam custar, em média, R$ 200.

Assim, o ideal é testar, antes do nascimento, alguns pediatras conveniados. Camila Dutra conta que se viu em apuros quando selecionou aleatoriamente um nome do livro do convênio médico. "Não gostei do primeiro nem do segundo, e meu bebê já tinha nascido. Portanto, optei por pagar um médico particular, já que a saúde do meu filho estava em primeiro lugar", conta. Mas existe outra opção, que é utilizar o esquema de reembolso oferecido por muitos planos de saúde. Com ele, você se consulta com qualquer médico e tem o valor pago reembolsado.

Fonte: site da Sociedade Brasileira de Pediatria

Foto: Mônica Antunes/ Produção: Sheila Rodrigues/ Cabelo e Maquiagem: Anderson Longo/ Ambientação: Casa Pronta Quartos/ Mãe veste: Mammy To Be

Tudo o que você PRECISA SABER SOBRE PARTOS

Selecionamos e respondemos a algumas perguntas que podem ajudá-la a saber um pouco mais sobre o momento mais esperado da gestação

Foto: Mônica Antunes/ Produção: Sheila Rodrigues/ Ambientação: Casa Pronta Quartos

Toda gestação deixa qualquer mulher fora do seu eixo. Para algumas, é um momento mágico; para outras, significa muitos enjoos e dúvidas. Mas nada se compara à emoção da primeira gestação: aquele frio na barriga gostoso que a gente sente quando pensa no futuro. E, logo no início, deparamos com um mar de perguntas, cujas respostas não temos a menor ideia de onde encontrar.

Na primeira gestação, temos pouca ou nenhuma informação sobre partos, anestesia, fórceps, exame de toque. Ufa! São tantas coisas que nove meses parecerão uma semana. O principal, neste momento, é informar-se com seu médico, pedir indicações para leitura, participar de grupos para gestantes, fazer cursos e conversar com amigas e familiares que já passaram pela experiência do primeiro filho. Com um pouco de paciência e informação, você ficará por dentro de tudo.

A seguir, reunimos 30 perguntas e respostas sobre partos que podem lhe dar a direção inicial, especialmente se você for uma gestante de primeira viagem.

1. O que é parto de cócoras?

O parto de cócoras é tão antigo quanto a humanidade. Ele ocorre na posição agachada, que é muito mais cômoda, funcional e rápida do que a deitada. Seria a postura mais desejável para a mãe e o bebê. Contudo, a mulher moderna, despreparada para acomodar-se nessa posição, precisa ser ensinada e condicionada para dar à luz dessa forma tão prática e confortável.

> *O principal, neste momento, é conversar com seu médico, pedir indicações para leitura, participar de grupos para gestantes, fazer cursos e conversar com amigas e familiares que já passaram pela experiência do primeiro filho.*

2. O que é parto Leboyer?

Na década de 1970, o obstetra francês Frederick Leboyer questionava se a experiência de nascer era boa. Tendo supostamente experimentado sensações de seu próprio nascimento por meio de técnicas de regressão às quais se submeteu na Índia, decidiu, ao retornar a Paris, mudar radicalmente alguns hábitos. Criou, então, a "cerimônia do nascimento", divulgada por meio de sua obra Pour une Naissance sans Violence, que no Brasil foi publicada sob o título de Nascer Sorrindo. Em um clima de paz, silêncio e penumbra, acolhe-se o "viajante cansado" com toda reverência e carinho, oferecendo-o, em seguida, aos braços e o seio da mãe, onde, então, se aconchega. O recém-nascido é poupado do "terror" da intensidade dos primeiros estímulos, permitindo que, pouco a pouco, se adapte às suas novas condições de vida. Ele pode mamar, dormir ou até mesmo chorar; porém, está acalentado pelo afeto da mãe, o que logo o tranquiliza. Somente após alguns momentos é que o obstetra e o papai levam o bebê para uma pequena banheira com água morna para que ele complete seu relaxamento antes de ser levado para o berço.

3. No parto na água, o bebê não se afoga?

O parto na água foi um modismo divulgado por obstetras russos há cerca de 30 anos. Não se tem notícias de risco de afogamento, uma vez que o argumento dado é de que o bebê só daria a primeira inspiração após sair do líquido.

4. Em que momento deve-se optar pela cesárea?

Quando existem riscos para a mãe ou para o bebê. Certas doenças que eventualmente ocorreram durante a gestação, como diabetes e pressão alta, podem exigir uma cesariana para antecipar o parto. Também em casos de descolamento da placenta ou quando o bebê mostra sinais de sofrimento durante o trabalho de parto em função de repercussões sobre sua oxigenação, o parto cirúrgico (cesárea) se impõe e em caráter de urgência.

5. Devo fazer a raspagem dos pêlos pubianos em todos os tipos de parto?

Apenas a cesárea requer a raspagem para facilitar a incisão, embora não seja necessária a depilação total (tricotomia). Por uma questão estética e de facilidade de higienização, pode ser recomendável uma depilação parcial.

6. Quais os tipos de parto existentes?

Em princípio, são eles: parto vaginal e cesariana. O parto por via vaginal pode requerer manobras manuais ou instrumentais, como a colocação de fórceps. Deve-se salientar que, além do parto normal, o de cócoras e o Leboyer também são vaginais.

7. Quantos dedos de dilatação são necessários para o parto normal?

A dilatação estará completa quando o colo do útero estiver com 10 centímetros, o que corresponderia de 4 a 5 dedos de dilatação.

8. O que posso fazer para evitar surpresas de última hora no hospital?

Ser bem-acompanhada e orientada pelo obstetra durante o pré-natal e, se possível, tomar aulas de preparação para o parto. É recomendável conhecer a maternidade e o ambiente da sala de parto, e não se esquecer de aprender o trajeto mais fácil até o local, cuidado requerido principalmente para os papais principiantes.

9. E se o meu bebê nascer antes da hora?

As dificuldades vão depender da época na qual o bebê nascerá e, sobretudo, da causa da antecipação do parto. Nos casos de partos prematuros verdadeiros (antes de 37 semanas de gestação) e tanto mais precoces, a procura por uma maternidade com bons recursos de berçário se faz necessária.

10. Em que situação posso optar pelo parto domiciliar?

Embora em alguns países, principalmente na Holanda, sejam realizados os partos em domicílio com excelentes resultados (especialmente do ponto de vista emocional e afetivo), eles não são muito indicados em nosso país por conta das consequências que podem existir em situações de emergência.

11. O que posso fazer na hora do parto para ajudar na dilatação?

Permanecer tranquila e relaxada e procurar fazer alguns exercícios, como caminhar.

12. Vou sentir dor durante o parto?

A dor é muito relativa de mulher para mulher. Algumas sentem e outras, não. Além disso, a intensidade também varia. O que pode interferir na dor é o medo, que gera mais tensão e, consequentemente, mais dor. Segundo o médico Michel Odent, alguns fatores, como luzes fortes, estimulam a parte racional do cérebro, dificultando a entrega ao trabalho de parto e aumentando a dor.

13. Como posso me preparar para lidar melhor com a dor do parto?

Primeiramente, confiando no seu corpo e relaxando. A prática de ioga, que ajuda tanto física quanto emocionalmente, também é indicada. Pesquisas apresentadas pela Organização Mundial de Saúde (OMS) mostram que uma gestante acompanhada por uma doula reduz em até 60% os pedidos de analgesia.

14. Posso andar durante o trabalho de parto?

Sim, andar facilita a dilatação e diminui os desconfortos das contrações.

15. Qual é a vantagem de amamentar?

O leite materno é rico em anticorpos que protegem o bebê de infecções, diarreia etc. Também é um alimento vivo, rico em energia, e estimula o vínculo com a mãe.

16. O que são doulas?

São mulheres que dão suporte físico e emocional durante a gestação, o parto e o pós-parto. Não realizam nenhum procedimento médico.

17. O que é parto humanizado?

É o parto com respeito à mulher, no qual ela é a protagonista do momento. Assim, a gestante é informada e pode tomar decisões junto com o médico ou a parteira sobre as dificuldades existentes.

18. E se eu não conseguir ter o parto que planejei?

O mais importante é saber que fez a sua parte: se entregou, fazendo o que podia para você e seu bebê. Se as coisas não saírem como planejou, tenha tranquilidade para aceitar a nova realidade que se impõe.

19. Como posso perceber que a hora do parto está chegando?

Por meio de contrações regulares pelo menos duas horas ou da bolsa rota, que pode romper, liberando um líquido.

20. Posso ter relações sexuais no final da gestação?

Sim. Além de ser bom para o relacionamento do casal, você pode entrar mais facilmente em trabalho de parto. Só é contraindicado em caso de tendência a parto prematuro.

21. Além da cesárea, posso usar anestesia em todos os tipos de parto?

Atualmente, utiliza-se anestesia em quase todos os partos. É preciso desvincular essa imagem de dor do parto normal, pois os médicos, hoje, fazem de tudo para tornar esse momento confortável e sem dor.

22. O que é indução?

Indução de trabalho de parto é o uso de medicações para desencadear contrações uterinas e, assim, provocar o parto.

23. Em que momento deve-se optar pela indução?

Há muitas indicações de indução. De maneira geral, ela é realizada quando se deseja fazer o parto e não há obrigatoriedade de executar uma cesárea. Sempre se deve buscar o parto normal, tendo segurança para a mãe e a criança.

24. No parto cesárea, meus braços ficarão amarrados? Por quê?

Não há necessidade de amarrar os braços da paciente. Basta que a mulher não coloque suas mãos no campo cirúrgico, para evitar contaminação e infecção.

25. Quais são os tipos de anestesias existentes?

Em cesarianas, a mais utilizada é a anestesia raquidiana, conhecida como "raqui". Em parto normal, embora também se possa empregar a raqui, geralmente é dada a peridural, que possibilita a constante introdução de anestésicos. Estes dois tipos possibilitam o uso de anestésicos com pouca ou nenhuma passagem para o bebê, pois são introduzidos na coluna vertebral (ou perto dela) da mãe. A anestesia geral, ao contrário da raqui e da peridural, causa a passagem de anestésico para o recém-nascido, sendo, portanto, evitada ao máximo.

26. O que é exame de toque?

É a avaliação da dilatação do colo uterino através da introdução do dedo indicador do médico na vagina da paciente.

27. Quantas horas levam para haver dilatação total?

A dilatação tem começo com a preparação do colo do útero, ou seja, a fase latente ou de amadurecimento, que pode durar de 10 a 15 horas (nesse tempo, a paciente ainda está em casa), e, depois, a fase ativa, que é a dilatação propriamente dita (que pode durar de 6 a 8 horas). É nesse período que a paciente deve estar na maternidade, recebendo os cuidados necessários.

28. Terei de fazer lavagem intestinal?

Se for parto normal, é conveniente, pois, na hora da expulsão do bebê pode também ocorrer a saída de fezes, que contaminam o recém-nascido pela proximidade do períneo com a região anal.

29. Quando os médicos recorrem ao fórceps?

Quando já ocorreu a dilatação completa, o feto está na bacia da mãe (olhando pela vagina, consegue-se avistar o cabelinho do bebê), a mãe faz força para expulsá-lo, mas o feto não nasce. Como, nesta situação, fazer uma cesárea é pior tanto para a mãe quanto para o filho, o médico opta por usar o fórceps de alívio, um instrumento que ajuda na retirada do nenê. Vale ressaltar que esse tipo de fórceps não traz problemas para o bebê.

30. O pai pode assistir ao parto?

Ele não apenas pode como deve assistir ao parto, porque esta é uma experiência ímpar.

Atitudes para um PÓS-PARTO TRANQUILO

Algumas dicas que vão facilitar a sua vida e garantir um início da nova fase mais tranquilo e feliz

O grande dia chegou: seu bebê nasceu! Foram meses de espera para conhecer o rostinho dele e, de repente, tudo o que era apenas um sonho transforma-se em realidade.

Mas nem sempre os momentos após o parto são exatamente da forma que se imagina.

Afinal, tudo muda na vida da mulher. A queda de hormônios, por exemplo, pode causar uma leve tristeza, ou ansiedade ao atravessar esse novo período de descobertas. A seguir, selecionamos algumas dicas que vão lhe ajudar a conseguir um dia a dia mais tranquilo com seu filho.

Tenha paciência e calma

Você pode se sentir nervosa, agitada e ansiosa com a nova realidade. Seja por que o bebê chora de cólicas ou porque o início da amamentação é um aprendizado mútuo e nem sempre tão fácil como possa parecer.

Entretanto, é importante ter calma e relaxar. Você vai precisar de muita tranquilidade para lidar com o bebê e, principalmente, para que seu organismo produza boa quantidade de leite. Portanto, quando se sentar para dar de mamar, por mais difícil que pareça, tente deixar os problemas fora do quarto. Coloque uma música suave, respire fundo e viva intensamente esse momento tão mágico. Ficar nervosa não vai resolver os seus problemas, pelo contrário. Além disso, após o parto, as mudanças físicas e emocionais e os novos desafios acabam gerando uma certa melancolia, conhecida como blues, que atinge cerca de 50% das mulheres. Esse sintoma deve desaparecer por volta de duas

Consultoria: Lisnia de Paula Marinelli, nutricionista. Dr. Rogério Moreno, ginecologista e obstetra.

semanas depois do parto. Caso continue se sentindo deprimida, converse com seu médico a respeito.

Cuide bem da sua alimentação

Chegando da maternidade, os primeiros dias em casa, com certeza, serão agitados. Grande parte do seu tempo será tomada pelos cuidados com o bebê. A sequência será mais ou menos essa: amamentar, colocar para arrotar, trocar a fralda, fazer o bebê dormir e assim consecutivamente. Durante essa nova rotina, muitas vezes, a mãe esquece de se alimentar direito, pulando refeições ou se contentando apenas com um lanchinho rápido. Mas a mulher precisa estar bem-alimentada para que a produção de leite não diminua.

Sem falar que se alimentar adequadamente é uma garantia de se manter saudável e ter disposição para cuidar e curtir o pequeno. Prefira uma alimentação à base de frutas, legumes, verduras, carnes magras, e deixe de lado as frituras e os doces. Capriche também nos alimentos ricos em cálcio, como o leite e seus derivados. E nada de dietas com restrição calórica, já que a demanda energética aumenta nessa fase.

Tente descansar enquanto o bebê dorme

A cena é típica. Quem nunca deparou com uma mãe– que acabou de ter bebê– com olheiras e o semblante cansado? Um verdadeiro "zumbi". Brincadeira à parte, não importa se o pequeno é um anjinho ou um chorão. Durante os primeiros meses, ele vai querer mamar, em média, de três em três horas, inclusive durante a noite. E, você, pela manhã, terá que estar disposta. Portanto, aproveite os momentos em que seu pequeno estiver dormindo para tirar um cochilo também. Assim, você não ficará tão esgotada e terá energia para curtir e cuidar do nenê.

Peça ajuda, se Necessário

Ser supermãe não significa, necessariamente, ser perfeita e conseguir dar conta de tudo. Nem sempre é possível conciliar os cuidados com o bebê, a arrumação da casa e outras tantas tarefas do dia a dia. Por isso, não se intimide em pedir ajuda, principalmente nas primeiras semanas. Caso não tenha uma funcionária, peça auxílio para algum familiar ou amigo.

A sensação de não conseguir cumprir todas as tarefas necessárias pode deixá-la ansiosa ou nervosa. Lembre-se de que você precisa de tranquilidade para amamentar o bebê. O pai também pode e deve ajudar. Dessa forma, além de aliviar um pouco a mãe, ele poderá se aproximar do filho. E esse contato é muito importante.

Beba bastante líquido

Para produzir leite suficiente, seu corpo precisa de hidratação. E nada melhor que a água para repor os líquidos perdidos, funcionando como uma matéria-prima para a fabricação do leite. Dê preferência para a água, o leite e os sucos de frutas. Evite bebidas estimulantes, como chá preto, mate, café e refrigerante.

Uma dica é deixar sempre ao lado da poltrona de amamentação uma jarra e um copo, assim você não vai se esquecer de tomar água. Um pouco antes de oferecer o peito, beba um copo de água e antes de passar o nenê para o outro seio, aproveite e dê mais alguns goles.

Não se esqueça do seu lado mulher

Está certo que o bebê é o foco das atenções, principalmente para a mãe. Mas isso não significa que você deva se esquecer de si mesma. Como a jornada de amamentação e cuidados será grande no começo, a tendência é passar os períodos de camisola ou pijama, emendando dias e noites. Contudo, é importante que você tenha um tempo para seus cuidados básicos.

Enquanto o bebê dorme, aproveite para tomar um banho gostoso, hidratar a pele do corpo, vestir uma roupa alegre e arrumar os cabelos. Se a tonalidade ou o corte precisarem de uns retoques, deixe o bebê aos cuidados de alguém de confiança e visite um salão de beleza no intervalo entre as mamadas. Faça as unhas e, se necessitar, uma limpeza de pele. Não se esqueça de você mesma, pois, apesar de agora ser mãe, continua sendo mulher.

Volte à forma, mas sem neuroses

Desde o primeiro dia após o parto, é importante movimentar-se e caminhar. Entretanto, os exercícios e as atividades físicas vão ter de esperar por volta de 30 dias após o nascimento do bebê para serem retomados.

Embora você possa se sentir disforme, com a barriga saliente e os seios maiores, deve se lembrar de que seu corpo foi se transformando durante nove meses e, portanto, não será em um mês que voltará ao que era. Tenha paciência e invista em uma alimentação saudável, mas sem dietas para perder peso. Amamentar também vai ajudar o corpo a retornar à forma antiga. Assim que o médico liberar os exercícios, comece devagar, fazendo uma atividade que lhe dê prazer. Não tenha pressa. Quando o pediatra liberar os passeios com o bebê, aproveite para caminhar com ele no carrinho. Esses momentos serão prazerosos para ambos.

De bem com A VIDA

Após o nascimento do bebê, ocorrem mudanças físicas e psicológicas na mulher, que podem alterar o humor. Contudo, com o apoio familiar e uma dose extra de otimismo, é possível ficar ter uma vida leve e muito feliz depois do parto

O puerpério – ou pós-parto, como é mais conhecido – é o período de 6 a 8 semanas que se segue ao parto. Existem evidências de que, nesse tempo, de 50 % a 80 % das mulheres podem apresentar alterações leves de humor, caracterizadas geralmente por tristeza sem causa aparente, irritabilidade, vontade de ficar só, sentimentos negativos e baixa autoestima. Felizmente, esse quadro de melancolia pós-parto é de curta duração, terminando por volta de 6 a 8 semanas após o nascimento do bebê.

"A causa da melancolia pós-parto é ainda controversa. As mudanças hormonais e o aspecto psicológico que envolve este período devem ser considerados", defende a ginecologista e obstetra dra. Helena Guerra. Segundo a médica, apoio familiar, ambiente doméstico tranquilo e seguro e ajuda psicológica quando necessária são as melhores alternativas para atravessar esta fase. Portanto, se você se sentir diferente do normal, saiba que não é a única e que isso passa rapidamente.

O bebê real

Ter um filho não é só atingir o paraíso, como muitos pensam. É um momento de alegria e realização, mas também de conflitos e ebulição interior. É como se a mãe despertasse de um sonho em que imaginava tudo perfeito e acordasse na realidade, com muitas surpresas inesperadas e sentimentos paradoxais, que fazem que se instale um conflito interior.

"O parto evidencia um momento de ruptura. A mulher deixa de ser somente filha para ser mãe. A grade geracional se altera, apresentando consequências no psiquismo. A mulher sai da posição de cuidada para ter a responsabilidade de cuidar de alguém", exemplifica Maria Elisa Andrade Machado, psicóloga e psicanalista.

A especialista afirma que a sensação de se sentir completa, possibilitada pela experiência da gravidez, termina. Uma falta comparece e uma espécie de luto se impõe. E, como em toda perda, é necessário um período de elaboração ou, em alguns casos, ajuda da psicoterapia.

O desejo de ter um filho é construído pela mulher ao longo de sua existência. "Desde cedo, a menina já ensaia momentos de idealização de como ser mãe em suas brincadeiras de boneca ou de casinha e, assim, vai construindo o que chamamos de função materna, que será fundamental na futura relação com o seu bebê real", diz a psicoterapeuta.

A mãe também precisa de colo

O período pós-parto é, então, muito especial, um momento da sexualidade feminina de grande efeito na realidade psíquica e física. O corpo muda e a imagem de plenitude, de se sentir grávida, se rompe. O corpo é sentido como estranho e nunca fora vivenciado como tal. É como um novo corpo, que agora fabrica e oferece leite, apresentando novas formas e funções diferentes da usual.

Os hormônios que se modificam nesse período têm grande influência também na baixa da libido. O desejo sexual se altera, tornando-se bem reduzido ou, às vezes, até nulo. No primeiro tempo, todo investimento está direcionado ao bebê. Algumas mulheres acham que o pai acaba atrapalhando a relação entre ela e o filho. Quando o parceiro não entende ou não se oferece como elemento acolhedor, fica ainda mais complicado.

Nesse período, a mulher está totalmente voltada e identificada com seu filho. Ela vivencia a perda de sua individualidade e tem de se relacionar de maneira incondicional com aquele ser que depende dela plenamente para viver. A sensibilidade aumenta e é possível que aconteçam choros excessivos e inesperados e muitas mudanças de humor.

A conscientização de que essas mudanças são normais e temporárias alivia a sensação de culpa que muitas mulheres sentem por terem sentimentos de tristeza, dúvida e insegurança. Muitas vezes, elas se acham frustradas por pensarem que essa relação não segue os padrões idealizados antes do nascimento. Um parceiro consciente também pode ter uma função primordial, acolhendo a mulher e reduzindo uma crise mais aguda. As pessoas devem estar atentas quando a presença de um profissional qualificado se fizer necessária.

De bem com a vida

Compartilhar os sentimentos é a melhor saída para passar tranquilamente por essa fase. A sensação de inadequação pode se agravar, caso a nova mãe não divida sua angústia. Só que não é nada agradável admitir certos sentimentos. Por isso, conversar com o parceiro ou com uma amiga que já tenha filhos pode ajudar a se livrar de alguns fantasmas.

Maria Helena Sankin, 28 anos, lembra-se bem dessa fase e conta que desabafar foi imprescindível. "Não foi fácil para mim assumir que me sentia triste e desestimulada. Afinal, o que mais queria era ter um filho. Mas, quando esse sonho virou realidade, me sentia deprimida e sem energia. Esta sensação melhorou muito quando resolvi pedir ajuda e compartilhar com pessoas queridas as minhas aflições", conta aliviada.

Já C.M.N diz que não tinha coragem de assumir que algo não estava bem. "Foi um erro esconder das pessoas e, principalmente, do meu marido que estava assustada com tantas mudanças", conta. "Sentia-me culpada por viver triste pelos cantos. Mas, quando percebi que a situação se agravou, procurei ajuda psicológica", relata.

Foto: Mônica Antunes/ Produção Sheila Rodrigues/ Locação Dip en Dap

Um poderoso LÍQUIDO

Conheça a composição do leite e todas as vantagens de amamentar o seu bebê. Você vai se surpreender!

Amamentar é o primeiro e mais importante presente que uma mãe pode dar a seu filho. A OMS (Organização Mundial de Saúde) recomenda que os bebês recebam exclusivamente leite materno durante os primeiros seis meses de vida. Depois desse período, com o objetivo de suprir as necessidades nutricionais, os pequenos devem começar a receber alimentação complementar segura e adequada, junto com a amamentação, que deve continuar pelo menos até os dois anos de idade.

Crianças com aleitamento materno exclusivo apresentam menor possibilidade de contrair infecções, já que o leite materno é estéril e isento de bactérias, segundo a médica ginecologista da Clínica Dale, dra. Simone Nogueira. Sugar o seio também é importante para o desenvolvimento da musculatura da mandíbula do nenê, tendo influência na fala.

Além desses benefícios, o maior de todos talvez seja o mais simples e importante: a troca de emoções entre a mamãe e o bebê, fortalecendo esse vínculo de amor.

A composição do leite materno

São mais de 160 componentes descritos. O leite materno é um líquido rico em gordura, minerais, vitaminas, enzimas e imunoglobolinas, que protegem contra doenças. Contém, também, diferentemente do leite de vaca, maiores concentrações de aminoácidos essenciais de alto valor biológico (cistina e taurina), que são fundamentais para o desenvolvimento do sistema nervoso central. Isso é particularmente importante para o prematuro.

O leite materno contém, ainda, endorfina (substância química que ajuda a suprimir a dor), por isso, é uma boa ideia amamentar o bebê logo após tê-lo vacinado.

Os benefícios do aleitamento

Estudos de diversas regiões do mundo apontam para o mesmo lado e são unânimes: amamentar faz bem – muito bem, por sinal. E, a cada dia que passa, as pesquisas nessa área vão além. Um estudo feito na Nova Zelândia durante 18 anos, com mais de mil crianças, provou que aquelas que foram amamentadas pela mãe eram mais inteligentes e tinham maior sucesso na escola e na universidade.

Já uma pesquisa realizada na Finlândia sugeriu que a introdução de leite de vaca muito cedo aumenta o risco de a criança desenvolver diabetes do tipo I, enquanto outros estudos provam que bebês amamentados com leite materno no primeiro ano de vida têm menos chances de se tornarem adultos obesos, têm mais resistência às doenças, além de a taxa de mortalidade nos primeiros meses de vida ser menor.

Para completar, a amamentação fortalece a musculatura da face e da boca do bebê, prevenindo problemas de fala e nos dentes. Segundo Horwood e Fergusson, autores de um estudo que acompanhou crianças até os 18 anos, quanto mais tempo os pequenos são amamentados, maiores as notas que recebem nas avaliações escolares.

Uma pesquisa brasileira constatou que, em Porto Alegre, a principal causa de mortalidade infantil entre as doenças infecciosas é a infecção do trato respiratório. Foram estudadas 510 crianças sadias em vários fatores, como ambiente doméstico, educação dos pais e alimentação. Os resultados mostraram que as que haviam recebido somente leite artificial apresentavam um risco três vezes maior de contrair pneumonia do que aquelas que foram alimentadas com leite materno. Vale ressaltar que tanto o leite de vaca quanto a fórmula infantil industrializada mostraram o mesmo risco.

Consultorias:

Márcia Regina da Silva, coordenadora do GAAM (Grupo de Apoio ao Aleitamento Materno do Hospital e Maternidade São Luiz, de São Paulo). Marina Réa, médica-doutora pela FMUSP, pesquisadora científica do Instituto de Saúde, SES-SP, e autora, entre outros, do capítulo: "A mulher trabalhadora e a prática de amamentar", em Carvalho & Tamez, "Amamentação: Bases Científicas", Ed. Guanabara Koogan, 2a ed. Rio de Janeiro, 2005.

COMPOSIÇÃO DO LEITE MATERNO (100 ML)

- Energia – 70 kcal
- Proteína – 1,1 g
- Caseína: albumina – 40:60
- Lipídios – 4,2 g
- Carboidrato – 7 g
- Vitamina A – 190 mcg
- Vitamina D – 2,2 mcg
- Vitamina E – 0,18 mg
- Vitamina K – 1,5 mcg
- Vitamina C – 4,3 mg
- Tiamina – 16 mcg
- Riboflavina – 36 mcg
- Niacina – 147 mcg
- Piridoxina – 10 mcg
- Folato – 5,2 mcg
- Vitamina B12 – 0,03 mcg
- Cálcio – 34 mg
- Fósforo – 14 mg
- Ferro – 0,05 mg
- Zinco – 0,3 mg
- Água – 87,1 ml
- Sódio – 0,7 mEq
- Cloro – 1,1 mEq
- Potássio – 1,3 mEq

TABELA COM OS PRINCIPAIS COMPONENTES IMUNOLÓGICOS DO LEITE MATERNO

COMPONENTES	MECANISMO
IgA Secretora	Impermeabilização antisséptica das mucosas (digestiva, respiratória, urinária)
Lactoferrina	Ação bacteriostática (retirada de ferro)
Lisozima	Ação bactericida (declínio das bactérias)
Macrófagos	Fagocitose (engloba as bactérias)
Fator bífido	Lactobacilos – ácidos orgânicos: bactericida

BENEFÍCIOS PARA A MÃE

São muitas as vantagens da amamentação para a mulher. Em primeiro lugar, estudos comprovam que dar de mamar diminui as chances de desenvolver câncer de mama e de ovário. Além disso, ajuda o corpo a voltar mais rapidamente à antiga forma. Afinal, amamentando, gasta-se muita energia, acelerando a perda de peso. Em paralelo, o útero se contrai com mais rapidez, retornando ao seu volume normal. A amamentação exclusiva protege, ainda, contra a anemia, que é a deficiência de ferro no organismo.

Comer bem É TUDO!

A mãe necessita de uma alimentação balanceada para ter bastante energia e disposição para amamentar e cuidar do bebê

Produção: Sheila Rodrigues/ Foto: Adriana Barbosa/ Cabelo e Maquiagem: Cristiano Silva/ Ambientação: Alexandra Abujamra

O momento da amamentação é encarado como a total doação da mãe ao seu bebê. Enquanto amamenta, a mulher fornece todos os nutrientes de que o pequeno precisa, além de amor, carinho e afeto.

Assim que o nenê nasce, ele é o centro das atenções, recebendo todos os cuidados da família. Para a mãe, contudo, é uma rotina mais intensa, pois ela tem de dar de mamar, colocar para arrotar, trocar a fralda, fazer dormir... É um ciclo que se repete várias vezes ao longo do dia. E, diante disso, o inevitável acontece: ela simplesmente se esquece de se alimentar.

Se não tiver condições físicas para dar conta de produzir leite para o bebê, irá se sentir fraca e poderá ter problemas de saúde, como anemia. "Uma boa alimentação no pós-parto é importantíssima tanto para a amamentação quanto para a saúde física e até mesmo emocional da mulher", diz o obstetra e ginecologista, dr. Rogério Moreno.

Assim, comer bem, e não em grandes quantidades, faz uma diferença importante no dia a dia de quem amamenta.

Invista em uma dieta saudável

Uma nutrição rica e equilibrada é o melhor investimento que a mãe que amamenta pode fazer pelo bebê. Segundo Marcela Maria Pandolfi, nutricionista mestranda pela USP em Nutrição e Saúde Pública, os nutrientes absorvidos nos primeiros meses de vida do pequeno ajudam a garantir-lhe um desenvolvimento saudável, proporcionando, ao mesmo tempo, bem-estar.

Lembre-se sempre de que substâncias como remédios, bebidas e fumo podem ser transferidas para o leite materno e é por isso que a amamentação é contraindicada para mães que sejam dependentes químicas. A cafeína também pode afetar o leite, tornar o bebê irritadiço e perturbar-lhe o sono. O seu efeito diurético pode, ainda, aumentar a eliminação de líquidos pelo organismo da mãe até o ponto em que ela precise de mais líquidos para a produção de leite. "As bebidas alcoólicas devem ser evitadas, pois fazem que o bebê fique mais sonolento, mame menos e a produção de leite, consequentemente, diminua", alerta Maria Carolina Pedrosa, consultora em nutrição clínica e esportiva.

Os lucros com a saúde do bebê e da própria mãe são inegáveis com uma boa alimentação, pois os nutrientes oferecidos a ele através do leite são absorvidos pelo organismo. "O leite revela a qualidade da alimentação da mãe. Portanto, nada de dietas de muita restrição calórica neste período em que a demanda energética aumenta para a produção do leite", alerta Maria Carolina Pedrosa.

A mulher que amamenta deve continuar a consumir os alimentos recomendados durante a gestação, para promover a quantidade adequada de leite. "Para controlar a perda ou manter o peso, vale retirar o excesso de gordura, açúcar e massas da alimentação, optando por leite e derivados desnatados, carnes magras, peixes, vegetais frescos

ALIMENTOS QUE NÃO PODEM FALTAR NO PRATO DA LACTANTE

• Alimentos construtores, que são responsáveis pela construção e reparação de tecidos corporais, participando da multiplicação das células e, por isso, essenciais ao crescimento da criança. São as proteínas: carnes, ovos, leite e derivados.

• Alimentos energéticos (os carboidratos), que são responsáveis pela produção diária de energia necessária para as atividades. São os pães, as massas, o inhame, a mandioca, o cará, a batata, a mandioquinha, a batata-doce, os biscoitos, o mel, os doces em geral, os cereais (arroz, trigo, aveia) e as farinhas.

• Alimentos reguladores (vitaminas e minerais), que são importantes para a manutenção da saúde, já que regulam os processos bioquímicos. Eles controlam o funcionamento do organismo e o crescimento da criança, e como estão presentes nos alimentos em quantidades bem pequenas, são mais conhecidos como micronutrientes. Encontrados nas frutas e nas hortaliças.

e oleaginosas (amêndoas, castanhas, avelãs, em quantidades moderadas, pois são hipercalóricas)", explica a nutricionista.

As regras de alimentação não param por aqui. "As necessidades de boas fontes de cálcio (vegetais, leite e derivados – o queijo minas apresenta maior concentração) e de proteínas (presentes nas carnes, no leite, nos ovos e nos grãos) são aumentadas, por serem as principais matérias-primas do leite materno", diz Maria Carolina.

Para a mãe que pratica atividades físicas, os cuidados devem ser redobrados. "Quem se exercita, deve estar atenta para que não despenda toda a sua reserva de energia e nutrientes durante a prática", alerta a especialista.

Para produzir uma boa quantidade de leite, é preciso uma alimentação balanceada com, aproximadamente, 2.500 calorias por dia. Em caso de dúvidas, procure um nutricionista, que poderá ajudá-la a reformular os hábitos alimentares.

A ALIMENTAÇÃO DA MÃE PODE GERAR CÓLICAS NO BEBÊ?

A alimentação materna durante a amamentação, segundo alguns especialistas, pode causar cólicas, insônia e alguns outros problemas no bebê. De acordo com alguns nutricionistas, a lactante que costuma consumir chocolate – produto que possui a teobromina, um estimulante da família da cafeína – pode provocar cólicas no filho. O mesmo acontece com os alimentos ricos em enxofre, como couve-flor, couve, rabanete, repolho e espinafre, que, por causarem gases, acabam perturbando o processo de digestão da criança.

A lactante deve dar preferência a frutas, com exceção da manga, da fruta-do-conde, da goiaba e da melancia, que são digeridas mais demoradamente. Os vegetais têm carta branca, com destaque para o agrião, o aipo, a rúcula e a alface.

Na opinião de alguns outros especialistas em amamentação, o único alimento capaz de provocar cólicas no bebê é o leite de vaca, o que não significa que a mãe deva evitar esse alimento.

Por outro lado, para muitos médicos, a cólica está associada a problemas emocionais da mulher, como ansiedade, e a fatores físicos do próprio recém-nascido, como imaturidade do intestino.

Use e abuse dos líquidos

Além da alimentação, a ingestão de líquidos é superimportante. "Para uma boa produção de leite, é fundamental ingerir bastante água, sucos e chás no decorrer do dia. Entretanto, é preciso evitar bebidas estimulantes, como café, chá mate ou preto, e refrigerante", orienta a nutricionista Maria Carolina Pedrosa. E cuidado com os mitos: canja de galinha e cerveja preta não aumentam a quantidade de leite.

Com um pouco de dedicação e disciplina, todos esses cuidados podem facilitar a vida da mãe que está amamentando, já que proporcionam mais disposição e energia. Uma coisa é certa: uma boa alimentação é vital para qualquer ser humano, e a lactante não foge à regra. A nutricionista Marcela Maria Pandolf concorda: "Deve-se ingerir bastante líquido, pois há risco de desidratação e diminuição da produção de leite. Recomenda-se, pelo menos, oito a 12 copos de água por dia. Quanto mais água receber, mais facilmente o organismo conseguirá produzir o leite necessário para alimentar o bebê".

Uma boa dica: deixe uma jarra com água ao lado da cadeira de amamentação, para que você não se esqueça de se hidratar enquanto amamenta.

Sem estresse para voltar à antiga forma

Segundo a nutróloga Regina Mestre Amengual, no pós-parto, o organismo precisa modificar seu ritmo hormonal, recuperar os tecidos que ficaram flácidos e as perdas de nutrientes e líquidos durante o parto, além de se condicionar adequadamente para a amamentação. "Assim, a dieta deve ser nutritiva e balanceada, ou seja, precisa conter as proporções adequadas de macronutrientes (proteínas, carboidratos e gorduras) e micronutrientes (vitaminas e minerais)", ressalta.

A perda de peso, tão desejada pelas mulheres, é

gradual, já que se trata de um período de grandes trocas hormonais. Para a dra. Regina, é preciso ter paciência, uma vez que o corpo necessita de tempo para se recompor naturalmente. Além disso, lembre-se de que a produção de leite consome muita energia: cerca de 900 calorias para cada litro produzido – em fase de amamentação, a produção fica em torno de 800 a 1.200 mililitros por dia. Ou seja, quem amamenta exclusivamente no seio tem um gasto energético extra, fazendo que o peso retorne ao normal mais rapidamente.

Algumas dicas:

- aumente gradualmente a atividade física (verifique com seu médico quanto e quais exercícios são recomendáveis);
- limite alimentos ricos em gordura (maionese, bolos, biscoitos, frituras, entre outros);
- não exagere no tamanho das porções;
- faça caminhadas, saindo com seu bebê para passear;
- não inicie uma dieta rígida.

Calcule você mesma

Para manter o peso após o nascimento da criança, os especialistas indicam consumir quantidades fixas de calorias. Para saber o número exato, basta multiplicar o seu peso por 30 calorias e acrescentar mais 500. Por exemplo: uma mulher que pesa 60 quilos deverá consumir cerca de 2.300 calorias diárias.

60 kg x 30 cal = 1.800 cal + 500 cal = 2.300 cal

O melhor a fazer é unir uma dieta saudável a exercícios físicos, cujo objetivo seja equilibrar peso e saúde. De qualquer forma, a própria amamentação pode ser entendida como uma forma de exercício. Até estabelecer uma rotina, é preciso ficar atenta para que a fome não passe despercebida, e que a escolha dos alimentos não seja errada. Além disso, recomenda-se fazer seis refeições por dia, em pequenas quantidades, a cada três horas: café da manhã, lanche da manhã, almoço, lanche da tarde, jantar e ceia.

No intervalo entre as refeições, uma boa alternativa é a ingestão de vitaminas presentes em iogurtes, leite desnatado, bolachas, torradas, gelatinas, leite batido com gelatina, queijo branco, ricota ou frutas. Opte pelas frutas da estação que, certamente, serão as mais saborosas, e ficam ótimas quando acompanhadas de uma proteína (iogurte, coalhada ou gelatina)", garante a dra. Regina.

Alimente-se bem!

Os primeiros dias em casa com o bebê podem ser bem mais tranquilos se houver um esquema pronto de alimentação e organização geral. "Tive dificuldades para amamentar, isto é, pouca produção de leite, pois fiquei sozinha com o bebê e não tinha ninguém para preparar as refeições para mim", conta Emília Dias. Ela lembra que se sentia exausta, com desconforto no corte da cesárea e acabava comendo qualquer coisa, como pães e bolachas.

Para evitar esse problema, por volta da 37ª semana, é hora de estocar a despensa da casa e pensar em pratos pré-preparados ou congelados. Uma boa dica é elaborar um cardápio para os primeiros 15 dias, dando preferência a produtos saudáveis e nutritivos. Com o menu em mãos, faça uma lista de supermercado. Não se esqueça dos sucos de frutas e evite alimentos gordurosos e temperos fortes.

Caso tenha uma ajudante em casa, esquematize corretamente os horários das refeições, da limpeza e da organização geral. Assim, você ficará tranquila para curtir os primeiros dias sem atropelos, e poderá amamentar com muita paz.

EVITE ALGUNS ALIMENTOS

Muitos pediatras não concordam com algumas restrições alimentares indicadas por outros colegas. Entretanto, vale a pena citar quais são esses alimentos.

- Cafeína: acredita-se que possa afetar o leite materno e tornar o bebê irritadiço e com o sono agitado. O seu efeito diurético pode, ainda, aumentar a eliminação de líquidos pelo organismo da mãe em um período em que há necessidade de grande quantidade de líquidos para a produção de leite.
- Chocolate, brócolis, couve-flor, feijão, couve e repolho: aumentam a produção de gases, causando cólicas no bebê.
- Frituras, bolos com cremes, doces e alimentos industrializados em geral: são ricos em calorias vazias, ou seja, não nutrem o organismo e engordam.

CARDÁPIO PARA LACTANTES

SEGUNDA-FEIRA

Desjejum
- Café com leite
- Torradas e manteiga

Colação
- Leite batido com abacate
- Biscoitos salgados

Almoço
- Salada de agrião e tomate
- Almôndega ao molho madeira
- Arroz
- Lentilha
- Legumes mistos (brócolis, cenoura e chuchu)

Lanche
- Arroz doce

Jantar
- Salada de acelga e beterraba
- Frango assado
- Suco de laranja
- Arroz
- Couve de Bruxelas
- Melancia

Ceia
- Leite
- Milho verde

TERÇA-FEIRA

Desjejum
- Chá de ervas
- Pão doce com requeijão

Colação
- Leite
- Biscoitos doces com geleia
- Maçã

Almoço
- Salada de pepino e cenoura
- Carne assada
- Nhoque ao sugo
- Repolho refogado
- Abacaxi

Lanche
- Iogurte natural com aveia e mel

Jantar
- Salada de rúcula e chuchu
- Filé de pescada à milanesa
- Arroz com milho verde
- Berinjela refogada
- Mamão

Ceia
- Mingau de semolina

QUARTA-FEIRA

Desjejum
- Leite com chocolate
- Biscoitos salgados

Colação
- Queijo prato
- Banana assada
- Bolo de laranja

Almoço
- Salada de escarola e tomate
- Iscas de fígado aceboladas
- Purê de batata
- Espinafre refogado com azeite
- Manga

Lanche
- Mingau de fubá

Jantar
- Salada de alface e nabo
- Bife ao molho de ervilhas
- Arroz
- Feijão
- Cenoura refogada
- Tangerina

Ceia
- Chá de ervas
- Pão com requeijão

QUINTA-FEIRA

Desjejum
- Café com leite
- Pão integral com geleia

Colação
- Iogurte batido com morango
- Torradas com manteiga

Almoço
- Salada de repolho roxo
- Cozido de carne com grão de bico
- Arroz com pimentão
- Couve-flor na manteiga
- Laranja

Lanche
- Pão de queijo
- Chá de ervas

Jantar
- Salada de almeirão e milho verde
- Filé de frango grelhado
- Espaguete ao alho e óleo
- Quiabo com limão
- Banana

Ceia
- Leite
- Bolo de cenoura

SEXTA-FEIRA

Desjejum
- Mingau

Colação
- Leite
- Kiwi
- Pão de mel

Almoço
- Salada de feijão branco à vinagrete
- Peixe ensopado com tomates
- Arroz
- Brócolis cozido
- Uva Itália

Lanche
- Goiabada
- Queijo branco

Jantar
- Salada de mostarda com palmito
- Bife a rolê
- Arroz
- Purê de abóbora
- Morango

Ceia
- Pipoca
- Iogurte

SÁBADO

Desjejum
- Iogurte natural com uva passa
- Biscoitos doces

Colação
- Pão francês
- Ricota
- Mamão

Almoço
- Salada de tomate e pepino
- Bisteca bovina grelhada
- Farofa de banana
- Arroz
- Couve refogada
- Laranja-lima

Lanche
- Canjica

Jantar
- Salada de rúcula com beterraba ralada
- Omelete com champignon
- Arroz
- Vagen ao vapor
- Pêssegos em calda

Ceia
- Chá de ervas
- Pão integral com queijo prato

DOMINGO

Desjejum
- Leite
- Flocos de milho

Colação
- Iogurte
- Bolo de maracujá
- Manga

Almoço
- Salada de almeirão com rabanete
- Frango ao vinho
- Arroz
- Ervilha
- Torta acebolada
- Salada de frutas
- Alface roxa crespa e agrião

Lanche
- Leite com chocolate
- Biscoitos salgados

Jantar
- Salada de agrião e cenoura
- Polenta à bolonhesa
- Torta de escarola
- Goiaba

Ceia
- Leite
- Sequilhos

OBS: O plano alimentar no pós-parto deve ser feito seguindo critérios individuais, ou seja, levando em consideração as características de cada mãe. Certos fatores determinam a necessidade de ingestão calórica, como o ganho de peso na gestação, o estado nutricional atual e até o andamento da lactação.

DICAS ÚTEIS

- É importante ter uma dieta balanceada, pois a falta de um nutriente pode levar à carência deste no leite;
- Lembre-se de abastecer a casa com água e frutas para sucos e leite, já que os líquidos são fundamentais nesta fase;
- Tenha sempre na geladeira iogurtes e queijo branco, fontes ricas em cálcio;
- Consuma aproximadamente três unidades de frutas por dia, garantindo vitaminas, minerais e fibras;
- Não se esqueça de que é necessário comer de tudo um pouco. Por isso, prefira alimentos menos gordurosos;
- Faça seis refeições por dia, incluindo os lanches rápidos com iogurte ou leite batido com frutas, barra de cereais, frutas, sorvete de frutas, pão integral com atum conservado em água e maionese light, entre outros;
- Não pule refeições.

Para não ESQUECER!

Informações importantes que toda mãe deve saber

Problemas na amamentação

Muitas mulheres acham que amamentar é puramente instintivo, e se sentem incapazes quando nem tudo dá certo. Fora algumas exceções, amamentar requer ensinamento e prática. Algumas mães têm mais facilidade durante o aprendizado, outras apresentam sérias dificuldades que, em certos casos, quando não apoiadas, provocam o desmame precoce.

Para que a amamentação prossiga e seja um sucesso, é preciso paciência, perseverança e apoio da família e dos profissionais envolvidos. Assim, amamentar será prazeroso tanto para a mamãe quanto para o bebê.

Bebê sonolento

Alguns bebês podem se mostrar sonolentos nos primeiros dias após o parto, principalmente em casos de cesariana. E, assim, nem sempre mamam com regularidade.

O que se deve fazer é identificar o horário no qual ele esteja mais acordado e oferecer o peito. Se for preciso, vale estimulá-lo: tire parte das roupinhas, deixe o ambiente claro e faça cócega na bochecha e nos pés do bebê, para que ele desperte e sugue mais efetivamente. Além disso, mantenha o ambiente tranquilo para seu filho.

Peso adequado

É preciso acompanhar o desenvolvimento do bebê. Para isso, relate tudo ao pediatra, fazendo um acompanhamento mensal ou até mesmo semanal nos casos em que o recém-nascido não engorda, para que o médico descarte hipóteses e verifique quanto de leite ele está ingerindo.

Perder peso também é uma preocupação. Logo após a saída da maternidade, é comum isso acontecer. Mas depois do quinto dia, se o pequeno continuar perdendo peso, algo pode estar errado no aproveitamento da mamada. O mais indicado é procurar o pediatra, que deverá observar se a mamada está adequada. "A mãe também deve observar a quantidade de fraldas molhadas", ensina a pediatra Rosangela Gomes dos Santos. "Podemos considerar uma ingestão adequada quando os bebês que não tomam água, chás ou outro tipo de leite encherem com xixi de 6 a 8 fraldas durante 24 horas", explica.

Mamilo sangrando

Em caso de sangramentos, deve-se fazer uma parada de sucção no seio machucado por aproximadamente 24 horas. Contudo, a ordenha manual deve ser mantida, para evitar uma congestão na mama.

Mamilos rachados

A fissura é uma lesão na pele, causada, geralmente, por erro na mamada (má pega). Para preveni-la, um bom começo é cuidar para que o seu bebê mame corretamente. Existem alguns procedimentos que podem ser adotados:

- Amolecer a aréola antes de o bebê sugar.
- Não lavar os mamilos com frequência.
- Não utilizar cremes hidratantes ou pomadas (em vez disso, passe o próprio leite após a mamada e espere secar antes de fechar o sutiã).
- Não puxar o bebê do peito abruptamente.
- Evitar o uso de protetor (descartável ou de tecido) e de bico de silicone.
- Expor as mamas ao sol por 10 minutos, uma vez ao dia, antes das 10h ou após às 15h, para arejar os mamilos.
- Trocar as posições de mamada, para mudar o ponto de contato.
- Iniciar a amamentação pela mama menos dolorida.

CUIDADOS GERAIS DURANTE O PERÍODO DE AMAMENTAÇÃO

- Beba bastante água.
- Adote uma alimentação balanceada. Qualquer alimento pode ser consumido, desde que em quantidade moderada.
- Evite fumar.
- Faça a higiene das mamas no banho com sabonete neutro.
- Lave as mãos antes de amamentar.
- Procure garantir um ambiente tranquilo para você e para o bebê.
- Dê preferência a cadeiras ou poltronas com apoio de braço.
- Mantenha o mamilo arejado.
- Alterne a posição de mamada (tradicional e invertida).
- Faça banho de sol nos mamilos diariamente.
- Proteja as mamas passando um pouco do próprio leite.
- Mantenha os mamilos secos no intervalo entre as mamadas.
- Utilize sutiãs apropriados, preferencialmente de algodão, e retire-os durante a amamentação, evitando pontos de ingurgitamento.
- Evite situações tensas e procure descansar.
- Em caso de feridas ou rachaduras, não interrompa a amamentação. Fale com o seu médico.

Mastite

A mastite é uma inflamação das mamas que ocorre com mais frequência por volta da segunda ou da terceira semana após o parto. Provoca dor e calor local, chegando a um abscesso na mama, gerando secreção com pus.

Para evitá-la, é preciso oferecer o peito com livre demanda, isto é, quando o bebê quiser. Caso ele não consiga esvaziar totalmente a mama, o ideal é retirar o restante do leite por meio de ordenha manual.

O tratamento da mastite é feito com a continuidade da retirada do leite (não parar de amamentar, mas com cuidado) e com o uso de antibióticos indicados pelo médico.

A amamentação passo a passo

Na hora de amamentar, a primeira coisa a fazer é escolher um local tran quilo, já que esse momento deve ser preservado. Dessa forma, esqueça os telefonemas, a televisão ou a conversa com as visitas. E lave as mãos antes de iniciar a amamentação.

Depois, deve-se procurar uma posição confortável tanto para a mãe quanto para o bebê. Caso as mamas estejam muito cheias, é necessário retirar um pouco de leite antes de oferecer ao pequeno, facilitando a

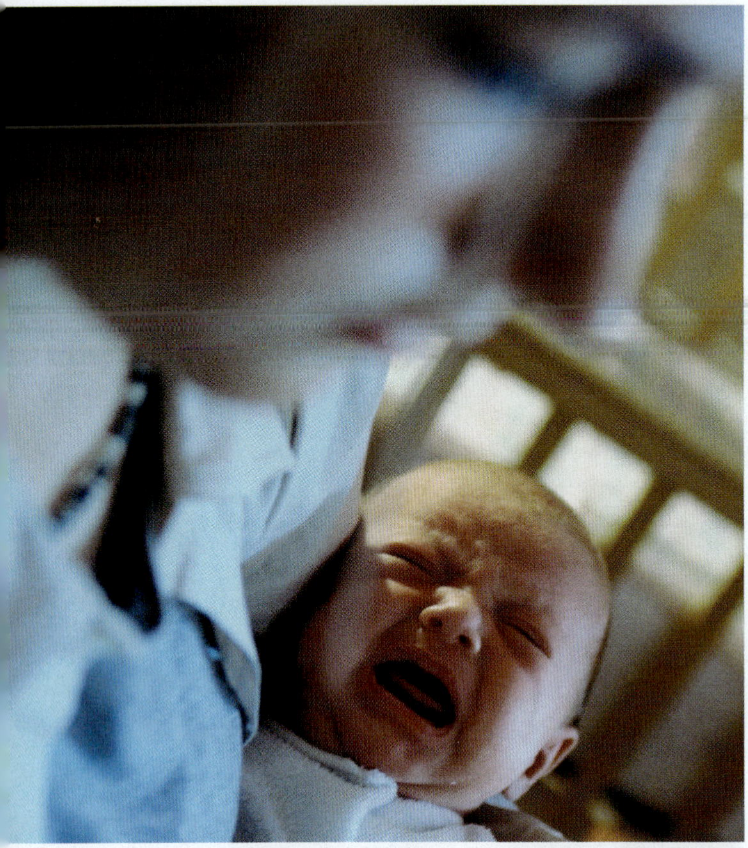

NÃO É RECOMENDÁVEL

• Utilizar bombas tira-leite manuais e/ou elétricas, pois, quando usadas com frequência, podem provocar fissuras nos mamilos.
• Bicos de silicone, pois deixam a boca do bebê longe do contato com a aréola, diminuindo a produção de leite e dando uma falsa impressao de que a sucção está adequada.
• Massagear as mamas em excesso.
• Fazer compressas quentes. Elas apenas devem ser usadas em mães que querem aumentar a produção de leite. Mas, ainda assim, deve-se evitar calor extremo por risco de queimaduras locais. Com relação às compressas frias, elas deverão ser usadas para diminuir a produção de leite, mas em mamas previamente esvaziadas. Para isso, recorra a um pano com água fria, mas nunca utilize gelo.

pega. Quanto à aréola, deve-se verificar se ela está macia e flexível. Caso apresente-se endurecida, realize uma massagem suave, com movimentos circulares feitos com a ponta dos dedos.

A seguir, faça uma ordenha manual com os dedos aproximadamente 1,5 cm acima da região areolar, com o polegar na parte superior da mama, e o indicador sob ela. Retire um pouco do leite e passe em volta dos mamilos, antes e após a mamada. Esse simples cuidado ajuda a proteger a região.

Ao amamentar, sustente a mama com a sua mão em forma de "C", apoiando os quatro dedos sob ela e posicionando o polegar afastado da aréola. Faça uma suave compressão para sair algumas gotas de leite, e toque seu mamilo no lábio inferior do bebê, para que ele abra a boca e abocanhe o mamilo e parte da aréola.

Para retirar o nenê do peito, a fim de que comece a mamada no outro, não o puxe. Use a técnica do dedo mínimo: coloque-o delicadamente no canto da boquinha.

Terminada a mamada, posicione o bebê para arrotar, acomodando-o, em seguida, de lado no berço.

Empedrado

Entre o terceiro e o quinto dia após o parto, o leite maduro junta-se ao colostro, apresentando-se em quantidade maior do que o bebê é capaz de ingerir. Esse excedente precisa ser retirado, não só para o alívio da mãe, mas também para facilitar a próxima mamada.

Para isso, verifique antes de amamentar se a aréola está flexível. Se estiver rígida, massageie a região com a ponta do dedo indicador em movimentos circulares. O sentido da massagem é do bico para a base da mama, a fim de desobstruir o caminho por onde o leite passa, e não deve durar mais que 15 minutos de cada lado. Isso vai amaciar a região e facilitar a sucção do bebê.

Após a mamada, examine novamente as mamas para verificar se não existem mais pontos de parada de leite. Se existirem, faça uma nova massagem, desta vez com a mão espalmada em movimentos circulares, balançando as mamas e fazendo a ordenha. Realizado corretamente, esse procedimento provoca a saída espontânea do leite, sem que seja necessário forçar a sua retirada.

ALGUNS PORÉNS...

A pediatra Rosangela Gomes dos Santos responde a algumas questões relevantes. Confira!

O QUE FAZER EM CASOS DE MAMILOS INVERTIDOS OU CURTOS?

Nesses casos, é provável que a mãe tenha dificuldades no início da amamentação, e a ajuda de um profissional na maternidade será de grande valia, pois uma boa pega não depende do bico, e sim de uma aréola macia.

O QUE FAZER QUANDO OCORRE O BLOQUEIO DOS DUCTOS MAMÁRIOS? POR QUE ISSO ACONTECE E COMO PREVENIR?

Ocorre por congestão de leite no ducto, que fica com um aspecto plástico, e dificulta a saída do líquido. É preciso massagear a mama e, no final, balançá-la, para que o leite fique fluido. O esvaziamento frequente previne o bloqueio do ducto mamário.

SE O MAMILO ESTIVER SANGRANDO, DEVE-SE CONTINUAR A AMAMENTAÇÃO?

Em caso de sangramentos, deve-se fazer uma parada de sucção no seio machucado por aproximadamente 24 horas, mas a ordenha manual deve ser feita, para evitar a congestão. Caso a mãe amamente com o seio sangrando, o bebê poderá apresentar fezes escuras e vômitos com sangue.

Tempo e intervalo entre as mamadas

Em geral, a duração da mamada é de 15 a 20 minutos por mama – lembre-se de que bebês muito pequenos demoram mais tempo para esvaziar a mama. Após sugar em uma delas, coloque o bebê em posição vertical para arrotar. A seguir, acomode-o no outro seio. Lembre-se de iniciar pela última mama oferecida na mamada anterior.

É importante ressaltar que não existe regra quanto ao intervalo entre as mamadas. Nos primeiros dias, provavelmente, o bebê será amamentado sem muita regularidade. Se ele ficou satisfeito em uma mamada, poderá solicitar outra após um intervalo de 2 a 4 horas, totalizando 8 a 12 mamadas por dia.

Progressivamente, o pequeno estabelecerá naturalmente intervalos regulares entre as mamadas. Se o intervalo ultrapassar 4 horas, desperte-o e coloque-o para mamar.

As melhores posições

Sentada: o bebê fica de frente para a mãe, barriga com barriga. Quanto mais juntos os corpos estiverem, melhor. Para posição sentada inversa, coloque o o corpo do bebê debaixo da axila materna com o ventre apoiado sobre as costelas da mãe (barriga–costela). O corpo do bebê fica apoiado pelo braço materno, e a cabeça, suspensa pela mão. É uma ótima opção quando o seio está machucado, para mudar o local da pega do pequeno.

Sentada cruzada: o bebê fica apoiado no corpo da mãe, barriga com barriga. Se precisar, pode-se colocar um travesseiro no colo materno para facilitar. Uma das mãos da mãe deve segurar o seio do mesmo lado, enquanto a outra, com o braço, apoia o nenê. Atenção: o bebê deve ficar seguro pelo ombro e pelas costas, apoiado pela nuca. Nunca empurre a cabeça contra a mama, pois, por reflexo, ele se afastará.

Deitada: mãe e bebê ficam de frente um para o outro, barriga com barriga. A mãe oferece o peito do lado em que está deitada. Essa posição é indicada para mulheres que fizeram cesariana, pois não força o corte.

Consultorias:

Dra. Rosangela Gomes dos Santos, médica, pediatra-chefe do Banco de Leite Humano do Hospital Regional Sul há 17 anos; membro do Comitê de Aleitamento Materno da Sociedade Paulista de Pediatria e mestre em Saúde Coletiva.

Márcia Regina da Silva, enfermeira coordenadora do GAAM – Grupo de Apoio ao Aleitamento Materno do Hospital e Maternidade São Luiz, de São Paulo.

Fonte: Grupo Origem

ABC DO DESENVOLVIMENTO

Os primeiros doze meses do bebê são repletos de conquistas, descobertas e muita emoção. Acompanhe de perto cada detalhe do incrível desenvolvimento do seu filho

Desde o nascimento, os dias do bebê são marcados por muitas novidades. No início, o sabor conhecido do leite materno é substituído pelas primeiras papinhas de frutas. Mais tarde, o sal é introduzido na alimentação. Da posição deitada, o pequeno começa a se sentar, engatinhar e arriscar os primeiros passinhos. Pronto! É hora de desbravar o mundo – nem que o mundo seja apenas a sala de casa. E quanta coisa há para se fazer em poucos metros quadrados: escalar o sofá, brincar com os objetos que enfeitam a mesa de centro, transformar o controle remoto da televisão em telefone, tentar descobrir o que existe naquele curioso buraqauinho das tomadas... Em exatos doze meses, você vai perceber a proporção da evolução do seu filho. E, com certeza, será muito mais tranquilo acompanhar cada etapa do desenvolvimento dele se você já souber o que esperar em cada mês de vida. A seguir, confira os desafios, as descobertas, as dicas de comportamento, saúde, alimentação e todas as outras fases pelas quais seu filho vai passar.

Primeira semana

Desenvolvimentos físico e comportamental

O bebê chega a dormir cerca de 80% do dia, porém, em intervalos curtos. Por isso, é normal que ele adormeça e acorde o tempo todo.

Os primeiros movimentos do corpo são reflexos, ou seja, são automáticos e ocorrem sem que a criança os controle voluntariamente. Mas, apesar de parecer que ele não entende o que se passa ao seu redor, fica em alerta e tenta se concentrar no rosto e na voz humana, principalmente na da mamãe.

As mãozinhas se mantêm fechadas o tempo todo e ele pisca diante de luz forte. A cabeça e o pescoço são bem moles e caem para a frente e para trás.

Alimentação

O primeiro alimento que o bebê vai experimentar é o colostro, substância amarelada que sai do seio materno nas primeiras horas após o parto. Depois, com a descida do leite, ele deverá ser alimentado exclusivamente no seio, não havendo necessidade de complementar com água, chás ou sucos.

O bebê precisa ser alimentado por volta de oito vezes ao dia. E durante a amamentação é muito importante conversar e dar carinho a ele, já que esse será o início da relação de amor entre vocês. O papai também pode começar a formar esse vínculo afetivo, ajudando na hora do banho e nas trocas de fraldas.

Estímulos

- Durante a amamentação, cante baixinho e converse com ele. A presença do papai também é fundamental. Incentive o contato entre eles.
- Móbiles coloridos com músicas suaves são os brinquedos mais indicados.

Vacinas

- BCG (dose única) – aplicação intradérmica.
- Hepatite B (primeira dose) – aplicação intramuscular (no músculo lateral da coxa).

O bebê precisa de um **ambiente tranquilo** para que possa se acostumar com o mundo à sua volta.

Primeiro mês

Desenvolvimentos físico e comportamental

Haverá mudanças importantes nos padrões de desenvolvimento do bebê nas primeiras semanas. Ele já consegue olhar mais fixo e prefere rostos humanos a objetos, e, às vezes, pode apresentar um pouco de estrabismo. Além disso, o pequeno pode começar a trocar o dia pela noite. Portanto, tente acertar a rotina, deixando-o em um ambiente claro enquanto cochila durante o dia..

Com quatro semanas completas, ele mostra sinais de satisfação, inquietação ou incômodo quando está com fome. Chora quando deseja algo, como ser alimentado, ou, simplesmente, para ser notado.

Ainda dorme boa parte do tempo.

No final do primeiro mês de vida, você pode ser agraciada com um belo sorriso aberto e satisfeito.

Consegue movimentar as perninhas e as mantêm mais estendidas.

Alimentação

O leite materno deve ser dado em livre demanda, ou seja, sem restrições de horários. A maioria mama de 3 em 3 horas, mas caso perceba que seu filho está com fome, ofereça o peito.

O tempo da mamada deve ser suficiente para o esvaziamento completo de, pelo menos, a mama oferecida em primeiro lugar. Nos primeiros meses, esse tempo pode chegar a 20 minutos em cada seio.

Estímulos

- Na hora das mamadas, o bebê vai adorar ouvir sua voz cantarolando baixinho ou apenas falando com ele.
- Providencie para que ele tenha coisas interessantes para olhar no berço. Mas não exagere.
- Não precisa entretê-lo todo o tempo enquanto estiver acordado. Momentos silenciosos e calmos também são importantes.

O PRIMEIRO PASSEIO

Segundo o pediatra dr. Ruy Pupo Filho, autor do livro "Manual do Bebê", da editora Alegro, um bebê saudável poderá sair para passeios rápidos e ao ar livre logo após os primeiros dias de vida. O especialista alerta, apenas, para se evitar locais fechados ou com muita concentração de pessoas.

Segundo mês

Desenvolvimentos físico e comportamental

A rotina tende a ser mais tranquila, pois vocês estarão mais habituados um ao outro.

O bebê começa a emitir vários sons, inclusive usa o choro como forma de se comunicar.

Ele esboça os primeiros sorrisos e esses momentos serão emocionantes para toda a família.

Gosta de observar os rostos humanos, seus olhos conseguem acompanhar um objeto em movimento e o foco de visão também fica mais nítido.

Começa a reconhecer a voz do papai ou do irmãozinho mais velho.

Seu desenvolvimento motor está em ebulição e ele continua movimentando muito as perninhas e os braços. Para a maioria dos bebês, a hora do banho é uma farra.

Consegue levar facilmente a mão à boca, e alguns chupam o dedinho para se acalmar, já que a sucção é uma fonte de prazer para o pequeno.

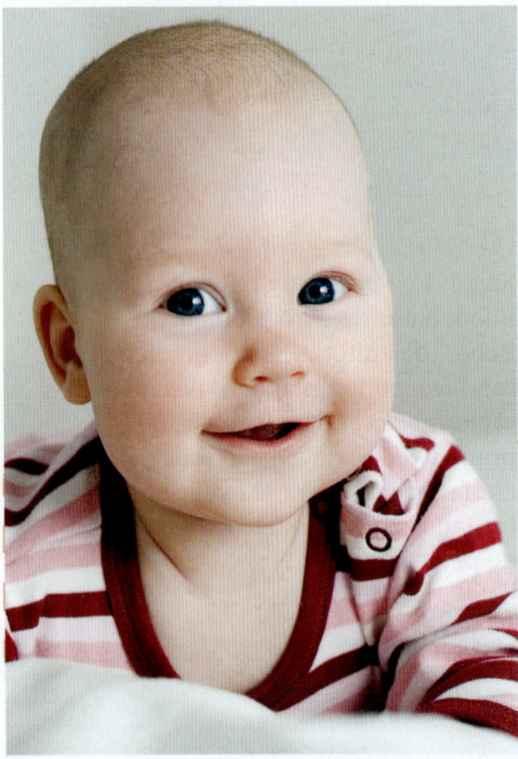

Alimentação

O bebê deve continuar mamando exclusivamente o leite materno em livre demanda.

Estímulos

- Músicas suaves costumam agradar o bebê.
- Como sua visão está mais nítida, passeios ao ar livre são estimulantes e prazerosos. Evite, apenas, permanecer em locais onde haja acúmulo de pessoas e excesso de barulho.
- Brinquedos brilhantes e com cores vivas chamam a atenção.

Vacinas

- Pentavalente (primeira dose): difteria, tétano, coqueluche, meningite e outras infecções causadas pelo Haemophilus influenzae tipo b e Hepatite B.
- Haemophilus influenzae tipo B – HIB (primeira dose) – aplicação intramuscular (no músculo lateral da coxa).
- Vacina inativada contra a poliomielite (VIP): paralisia infantil (primeira dose) – aplicação intramuscular (no músculo lateral da coxa).
- Antipneumocócica (primeira dose) – aplicação intramuscular.
- Rotavírus (primeira dose) – aplicação via oral (em gotas).

Pura Emoção

Os primeiros sorrisos são momentos inesquecíveis para toda a família.

Nos primeiros meses em casa, o bebê pode conviver com os ruídos normais, mas evite o excesso de visitas, pois ele pode se cansar e ficar irritado.

Você deve perceber se o bebê está ativo, mamando com vigor e movendo-se quando acordado. Outro sinal de que está tudo bem com seu filho é quando ele evacua e urina regularmente. Por isso, observe se, a cada troca de fraudas a presença de xixi e se ele faz cocô pelo menos uma vez ao dia.

Terceiro mês

Desenvolvimentos físico e comportamental

A grande novidade é que, a partir de agora, o bebê vai interagir muito mais, participando e distribuindo sorrisos a todos.

Nesse mês, ele já está bem mais habituado à rotina de alimentação e sono.

Os bebês que sofriam com cólicas passam a se sentir mais confortáveis com a diminuição ou o fim desse desconforto.

No quesito sono, uma outra boa notícia: aos três meses, o bebê tende a dormir por um período mais longo durante a noite. Isso significa mais descanso para toda a família.

O bebê se entretém e fica fascinado observando o movimento de suas próprias mãozinhas. Você vai adorar perceber esses movimentos.

Alimentação

O leite materno continua sendo o alimento ideal para seu filho. Não há necessidade de complementação com leites artificiais, água, sucos ou chás.

Estímulos

- Evite deixar o bebê sozinho. O ideal é que ele esteja sempre perto dos movimentos da casa.
- Coloque-o no berço somente nos momentos das sonecas. No restante do dia, ele vai gostar de ficar no carrinho.
- Estimule-o com brinquedos coloridos e corresponda a seus sorrisos.
- Converse com ele de pertinho, acaricie seu rosto, faça caretas e brincadeiras.
- Coloque uma música e dance com movimentos suaves. Ele vai adorar.
- Chocalhos são brinquedos interessantes.

Vacinas

- Meningocócica tipo C (primeira dose) – aplicação intramuscular (no músculo lateral da coxa).

FIQUE ATENTA!
O ideal é que, ainda na maternidade, o bebê receba duas vacinas: a BCG intradérmica, que o protege da tuberculose, e contra a hepatite B. Mas isso vai depender da instituição em que o bebê nasceu. De qualquer maneira, essas duas vacinas precisam ser tomadas no primeiro mês de vida, o mais precocemente possível.

Quarto mês

Desenvolvimentos físico e comportamental

O bebê começa a reconhecer as pessoas, distinguindo uma da outra.

Adequa-se exatamente na rotina de horários – por isso, é importante mantê-la.

Dorme entre dez e onze horas à noite e tira duas ou três sonecas durante o dia.

No final da 16ª semana de vida, consegue focalizar bem os objetos à distância, enxerga as cores e segue uma pessoa ou um objeto em movimento com desenvoltura.

Consegue virar a cabeça para todos os lados e já permanece sentado, por alguns segundos, com apoio.

É possível que o cabelo do bebê comece a cair e seja substituído por outros fios.

Alimentação

O ideal é que o pequeno continue sendo alimentado exclusivamente com leite materno. Porém, nessa fase, muitas mulheres acabam voltando ao trabalho. Uma boa alternativa é realizar a retirada do leite de forma manual ou com a ajuda de uma bomba elétrica e armazenar o leite para ser dado quando você não estiver em casa.

Para bebês que se alimentam com fórmulas infantis, a introdução de novos alimentos seguirá a mesma rotina de aleitamento materno (ou seja, com 6 meses de idade). Já os que são alimentados com leite artificial dão início à introdução de sucos de frutas.

Estímulos

- Conviver com outras pessoas também é importante para o desenvolvimento do bebê.
- Brinquedos seguros, indicados para a idade, devem estar limpos, pois eles colocam na boca.

Vacinas

- Pentavalente (segunda dose): difteria, tétano, coqueluche, meningite e outras infecções causadas pelo Haemophilus influenzae tipo b e Hepatite B.
- Vacina inativada contra a poliomielite (VIP): paralisia infantil (segunda dose) - aplicação intramuscular (no músculo lateral da coxa).
- Antipneumocócica (segunda dose) – aplicação intramuscular (no músculo lateral da coxa).
- Rotavírus (segunda dose) – aplicação via oral (em gotas).

UM POUCO DE LIBERDADE

Já é o momento de deixá-lo livre no chão, mas sempre acompanhado, sobre um edredom ou tapete de atividades, permitindo que ele mexa as perninhas e descubra o espaço ao seu redor.

Quinto mês

Desenvolvimentos físico e comportamental

Seu bebê cresceu bastante e está em uma fase maravilhosa: fofo, cheio de dobrinhas, rindo à toa e querendo participar de tudo.

Rola facilmente para todas as direções. Por isso, tenha cuidado redobrado quando estiver sobre a cama ou no trocador.

Seu bebê já pode transferir coisas de uma mão para a outra ou pegar com ambas de uma única vez.

Ele continua a colocar as coisas na boca.

Começa a ensaiar as primeiras sílabas e vocaliza bastante. Usa as vogais A, E, U e as consoantes D e B.

Começa a reconhecer seu nome e diferencia a voz das pessoas.

Adora levar o pé à boca.

Brinca muito e fica treinando novas façanhas até chegar a exaustão.

Alimentação

Controle a ansiedade para a introdução de novos alimentos. O aleitamento materno exclusivo deve ser mantido até o sexto mês. Porém, os bebês que já fazem uso de leites artificiais devem começar a se alimentar também com papas de frutas no quinto mês.

Estímulos

- Como já ensaia ficar sentadinho, descobrir o mundo por outro ângulo pode ser uma aventura e tanto. Assim, passear com o assento do carrinho reclinado será prazeroso.
- Continue deixando-o livre no chão para que movimente-se sozinho, mas sempre em um local limpo, seguro e sob supervisão de um adulto.
- Brincar no banho pode ser ainda mais divertido. Após a higiene, mantenha-o na água com algum brinquedinho. Ele vai bater as mãozinhas na água e se divertir quando espirrar no rosto.

Vacinas

- Meningocócica tipo C (segunda dose)– aplicação intramuscular (no músculo lateral da coxa).

OLHE BEM

Até o quinto mês de vida, em média, é normal que o bebê não consiga focalizar objetos, e os olhinhos percam o eixo, ficando um pouco estrábicos.

Música

Um bom estímulo desde os primeiros meses

• Cante para seu bebê durante as tarefas do dia a dia: no banho, na hora de trocar a fralda, de fazê-lo dormir.
• Lembre-se de escolher músicas calmas e com uma boa melodia, para não estressar a criança.
• Chame a atenção para os sons do cotidiano, como o da chuva, da água que sai do chuveiro, do canto dos pássaros.
• Se você toca algum instrumento, apresente-o ao seu filho, mas sempre em volume baixo.
• Se achar seu repertório antigo, saiba que existem grupos infantis de altíssima qualidade musical com composições lindas que encantam adultos e crianças. Vá a uma livraria e peça orientação.

Sexto mês

Desenvolvimentos físico e comportamental

O grande destaque deste mês é o treino para começar a engantinhar ou se arrastar pelo chão.

Grandes avanços acontecem no desenvolvimento do raciocínio e da linguagem. Daqui por diante, as técnicas motoras e mentais também serão mais evidentes.

Consegue se sentar, mas ainda precisa de apoio.

Alguns bebês ensaiam bater as primeiras palminhas e, quando são estimulados, ficam felizes e risonhos.

Não deixe-o sozinho na cama nem por um instante, pois é capaz de rolar e se arrastar de um lado para o outro.

A capacidade do bebê de apanhar objetos está melhorando a cada dia e, agora, ele utiliza os dedos em vez da palma das mãos.

Hora de brincar!
Permanecer no chão ou no cercado com vários brinquedos seguros para idade é uma diversão.

Alimentação

Os bebês alimentados apenas com leite materno começam a introdução de novos alimentos. Assim, os sucos de frutas naturais já podem ser oferecidos pela manhã, devendo ser preparados sem açúcar. Depois de duas semanas, poderão começar a comer papinhas de frutas à tarde e sopa salgada no almoço.

As crianças que usam leite artificial começam, agora, a experimentar as sopinhas salgadas no almoço.

Estímulos

• Brincadeiras de "achou o nenê" são divertidas, assim como canções que ele já conheça.

Vacinas

• Pentavalente (terceira dose): difteria, tétano, coqueluche, meningite e outras infecções causadas pelo Haemophilus influenzae tipo b e Hepatite B.

Vacina inativada contra a poliomielite (VIP): paralisia infantil (segunda dose) - aplicação intramuscular (no músculo lateral da coxa).

• Antipneumocócica – aplicação intramuscular (no músculo lateral da coxa).

• Rotavírus (terceira dose – dependendo do tipo de vacina utilizada) – aplicação via oral (em gotas).

• Vacina contra a gripe – Influenza (primeira dose)* – aplicação intramuscular (no braço).

• Vacina contra gripe A (H1N1) (primeira dose)* – aplicação intramuscular (no braço).

* Indicadas nas estações do ano em que a gripe ocorre com maior frequência. Está disponível apenas nessa época do ano, devendo ser aplicada nos meses que antecedem o inverno.

Sétimo mês

Desenvolvimentos físico e comportamental

Essa fase é bem divertida, pois, com o desenvolvimento da memória, o bebê vai ficar feliz com as brincadeiras de imitar.

Outra novidade é o surgimento de dentinhos: os incisivos inferiores, fazendo que aumente a produção de saliva e baba.

Os pais devem ser pacientes, pois o bebê começa a mostrar oscilações no humor e, às vezes, choram sem nenhum motivo aparente, apenas para mostrar insatisfação com alguma coisa.

Gritam, choram bem alto e demonstram muito bem seus sentimentos, especialmente quando são contrariados ou quando estão com dor.

Os que têm irmãos maiores adoram brincar em conjunto.

Sentam sozinhos, sem apoio, mas com o tronco inclinado para frente.

VALE LEMBRAR!
Além de confundir o bebê, devido aos diferentes bicos, o leite sai mais facilmente pela mamadeira. Com isso, o pequeno pode querer largar o peito, pois precisa de mais força para sugar. Insista na amamentação e lembre-se: seu leite é um líquido poderoso, capaz de proteger seu filho de diversas infecções.

Alimentação

A novidade do mês é que, tanto os bebês que recebem leite materno quanto aqueles que usam fórmulas artificiais começam a jantar sopinhas salgadas.

Estímulos

- Gosta de brinquedos macios que possa morder e levar à boca.
- Adora jogar objetos no chão e esperar que você os pegue de volta.

Vacinas

- Vacina contra gripe – Influenza (segunda dose) – aplicação intramuscular (no braço)
- Vacina contra gripe A – (H1N1) (segunda dose) – aplicação intramuscular (no braço)

Oitavo mês

Desenvolvimentos físico e comportamental

Ninguém segura esse nenê! Ele quer descobrir tudo à sua volta. Os utensílios de cozinha, as tomadas, os fios, as gavetas de armários, os controles remotos e os telefones serão os brinquedos prediletos. Por isso, todo cuidado é pouco.

Quando contrariado, fica bravo e chora.

Alguns começam a engatinhar nessa fase, e os mais agitados vão aperfeiçoando os modos de se movimentar.

Já fica sentadinho com bastante controle. Assim, sente-se livre para ir e vir.

Embora alguns bebês continuem a dormir por dois períodos durante o dia, até os 14 ou 15 meses, a maioria reduz para apenas uma soneca. Um bebê ativo pode dormir menos frequentemente que os outros, mas, por outro lado, cansa-se até o ponto em que dorme por períodos mais longos.

Pode começar a estranhar as pessoas e chora ao ser tirado do colo da mãe.

Novos dentinhos à vista: quatro, sendo dois incisivos inferiores e dois incisivos medianos superiores.

Alimentação

Mantém-se praticamente igual à da fase anterior.

Às vezes, por curtos períodos, especialmente quando os dentes estão nascendo, o bebê parece perder o interesse em comer qualquer tipo de alimento. Tenha calma e não force demais.

Estímulos

- Bonecos de borracha e brinquedos flutuantes são ótimas opções.

Vacinas

- Não tem.

A ALTURA DO BEBÊ aumenta cerca de 50% no primeiro ano de vida.

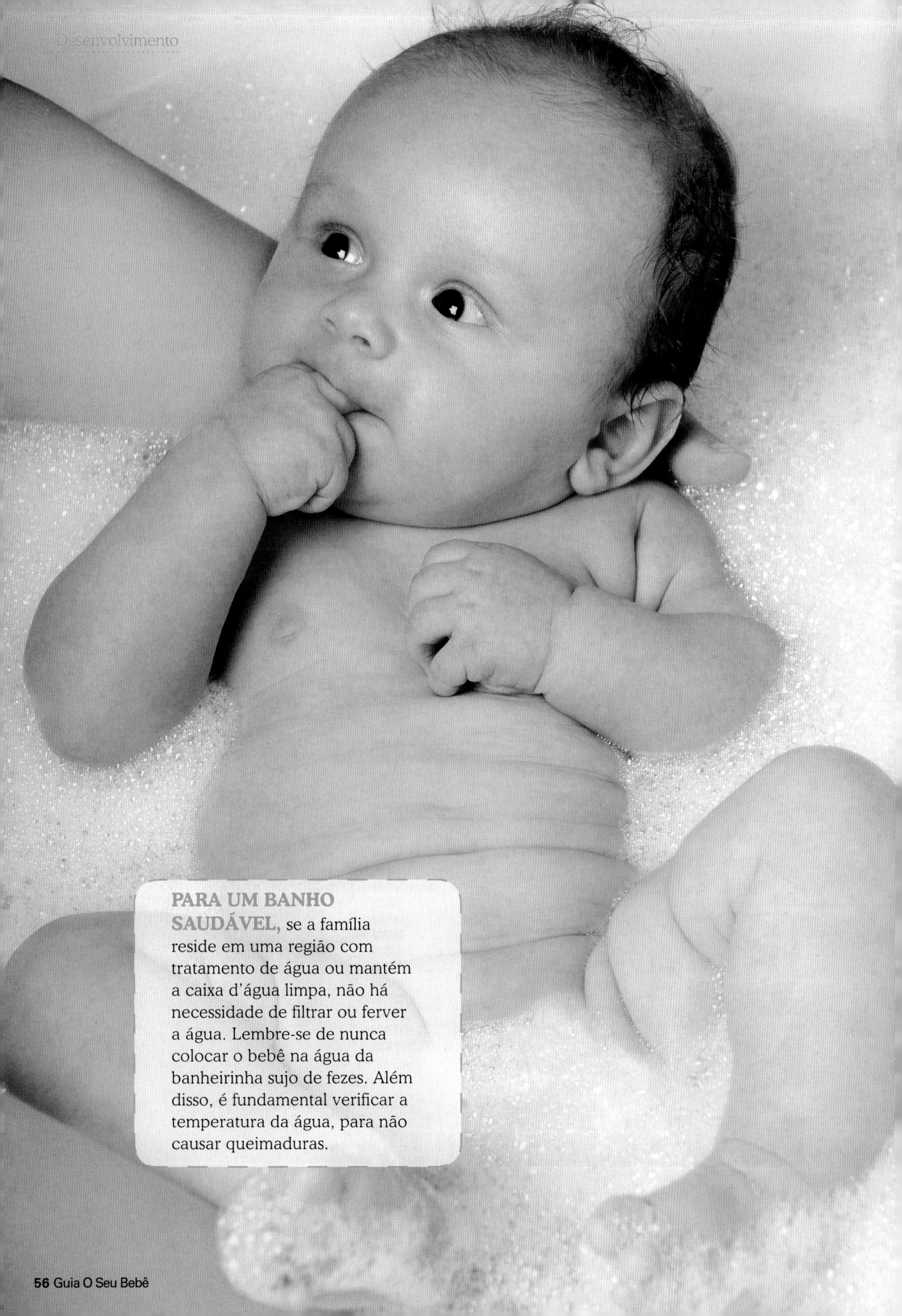

PARA UM BANHO SAUDÁVEL, se a família reside em uma região com tratamento de água ou mantém a caixa d'água limpa, não há necessidade de filtrar ou ferver a água. Lembre-se de nunca colocar o bebê na água da banheirinha sujo de fezes. Além disso, é fundamental verificar a temperatura da água, para não causar queimaduras.

Nono mês

Desenvolvimentos físico e comportamental

É a fase de treinar tudo o que aprendeu desde o nascimento. O grande destaque fica por conta dos relacionamentos sociais: o bebê quer interagir e, claro, se divertir.

A curiosidade também está cada vez mais aguçada. Ele se movimenta e começa a perceber que pode escalar, mas sente medo e insegurança ao mesmo tempo em que pretende se aventurar.

Alguns bebês mais ativos começam a ficar de pé, se segurando nos móveis, enquanto outros preferem continuar apenas engatinhando, pois sentem-se habilidosos e rápidos.

Pegam objetos e adoram jogar para longe.

Consegue encaixar pequenas peças em orifícios.

Vocaliza bastante, tentando imitar os adultos.

Novos dentinhos à vista: seis, sendo dois incisivos medianos inferiores, dois incisivos medianos superiores e dois incisivos laterais superiores.

PASSEIOS AR AO LIVRE são agradáveis e estimulantes em todas as fases de vida do bebê. Procure os horários em que o sol não é tão forte e aproveite para mostrar o mundo ao seu filho.

Alimentação

O bebê pode demonstrar menos interesse em mamar no peito, mas ainda anseia pela proximidade que a amamentação proporciona com a mãe. Se você estiver amamentando e deseja desmamá-lo, verifique com o seu pediatra sobre o procedimento e se ele acha que o seu filho está pronto para isso. O desmame realmente deve ser decisão do seu bebê.

Estímulos

- Evite a televisão, procure outras alternativas, como a música, para distraí-lo.
- Brinquedos coloridos e com buraquinhos podem estimular o pequeno.

Vacinas

- Febre amarela (dose inicial): em áreas endêmicas.

Décimo mês

Desenvolvimentos físico e comportamental

Agora, o bebê começa a falar "papá" e "mamã", motivo de grande alegria para os pais.

Manda beijo, bate palma e dá tchau.

Quando é repreendido com a palavra "não", fica bravo e chora. Mas o papel dos pais é, com paciência, insistir na negativa para que a criança aprenda.

Consegue deitar-se, sentar, virar de costas e segurar-se em um apoio para ficar de pé. Escalar é especialmente atrativo. Por isso, muito cuidado com as escadas.

Alguns ensaiam os primeiros passinhos. Caso o seu filho mostre-se "atrasado" em alguns movimentos, tais como engatinhar, não se preocupe, pois o interesse dele pode estar relacionado à outra área, como o desenvolvimento da linguagem ou o estudo detalhado de objetos.

Com dez meses, o bebê deve estar com oito dentes, sendo dois incisivos inferiores, dois superiores, dois incisivos laterais superiores e dois inferiores.

PRIMEIROS PASSOS

Muitos bebês começam a ensaiar a andar. Este período requer atenção. Afinal, eles adoram escalar mesas, cadeiras, sofás...

Alimentação

Dependendo do desenvolvimento da criança e da orientação do pediatra, ela já pode começar a comer a comida saudável da família, o que inclui arroz, feijão, carne, frango, legumes, refogados, saladas, purê de batatas e suflês. Nos primeiros dias é normal que ela recuse ou cuspa o alimento. Isso não deve ser interpretado como rejeição.

Seu filho vai querer comer sozinho e, apesar da sujeira, o ideal é deixá-lo. Uma boa opção é oferecer legumes e frutas em pedaços, para estimular a mastigação.

Estímulos

- Bater em caixas ou tambor vai deixá-lo feliz.
- Comece a ler historinhas simples e mostre as figuras para ele.

Vacinas

- Não tem.

Décimo primeiro mês

Desenvolvimentos físico e comportamental

Alguns bebês passam a tirar apenas uma soneca de uma hora nesta idade, mas compensam à noite, dormindo mais.

Ele já segura um copo para beber e pode ficar na ponta dos dedos.

Não há nascimento de dentes neste mês. A dentição permanece a mesma que no décimo mês.

Alimentação

O bebê é capaz de mastigar melhor e você precisa estimulá-lo, dando pedaços de alimentos, como maçã e pêra.

Alguns bebês podem apresentar a pele amarela por excesso de alimentos com betacaroteno, como cenoura, abóbora e beterraba. Converse com o médico se for o caso.

Estímulos

- Brinquedos como cubos de encaixe, bonecas e bolas são bem-vindos.
- Nessa fase, ele adora conversar. Por isso, evite infantilizar a linguagem e fale corretamente com ele, para que aprenda as palavras da forma certa.

Vacinas

- Não tem.

NOSSA, QUE SOLUÇO!

Normalmente, os bebês costumam soluçar após as mamadas, quando estão satisfeitos. Basta o estômago esvaziar um pouco para o soluço cessar. Esse sintoma pode sinalizar, também, que o pequeno está com frio, seja devido à fralda estar molhada ou por falta de agasalho.

Um ano

Desenvolvimentos físico e comportamental

A maioria das crianças começa a andar nesta época, e a atividade cerebral estará a todo vapor.

Já pode falar algumas palavras mais usuais e, à medida que o tempo passa, enriquece seu vocabulário com muitas novidades.

Embora alguns bebês não durmam durante o dia, um momento de descanso durante a tarde é o mais comum – ainda mais agora, com tantas novidades para conhecer e explorar.

Pode surgir o primeiro molar, totalizando nove dentinhos: um molar, dois incisivos medianos inferiores e dois superiores, dois incisivos laterais superiores e dois inferiores.

O bebê ainda está explorando e experimentando tudo ao seu alcance. Todo objeto deve ser manipulado, sacudido, batido e movimentado. Ação e reação são outros motivos de curiosidade, como acender e apagar a luz e ligar e desligar a televisão.

Pode-se tornar birrento e choroso, enquanto outros têm um ótimo humor: é só ouvir uma música para balançar o corpo e dançar.

Seu filho passou de recém-nascido para bebê e, agora, já é considerado uma criança.

Alimentação

Alimenta-se sozinho e começa a aprender a beber em copos plásticos com ou sem canudo.

Pode dar um pouco de trabalho e recusar alguns alimentos.

Já pode começar a comer peixe, mas ainda são desaconselhados os alimentos muito gordurosos, como bolachas recheadas, refrigerantes e batata frita.

Estímulos

- Brinque de dançar ou tocar instrumentos como tambor e piano.
- Bolas e bonecos também continuam fazendo muito sucesso.

Vacinas

- Hepatite A (dose única) – aplicação intramuscular (no músculo lateral da coxa)
- Varicela (catapora) – aplicação subcutânea
- SCR (sarampo – caxumba – rubéola = Tríplice Viral) – aplicação subcutânea
- Meningocócica tipo C e Pneumocócica (reforço, pode ser aplicado dos 12 aos 18 meses) – aplicação intramuscular (no músculo lateral da coxa).

PARABÉNS!

As fases relatadas sobre o desenvolvimento infantil são apenas diretrizes. Cada criança tem suas características próprias. Portanto, podem atingir essas etapas em períodos diferentes.

Consultoria: dra Juliana Zaccarias Gomes, pediatra do Serviço de Cardiologia Pediátrica da Santa Casa de São Paulo.

O primeiro ano de vida é o período em que o ser humano muda mais rapidamente. Ele cresce, engorda e se desenvolve em uma velocidade incrível.

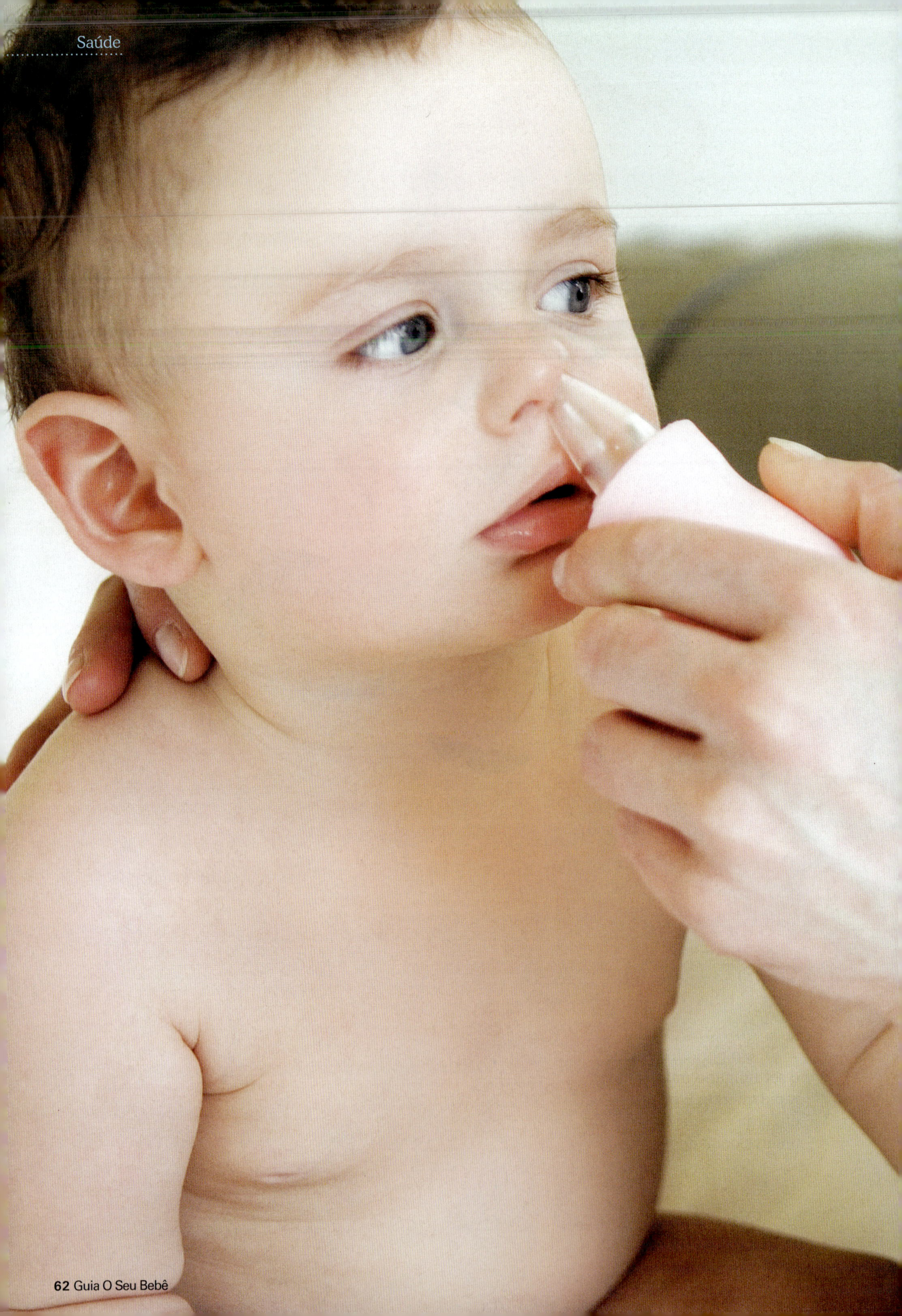

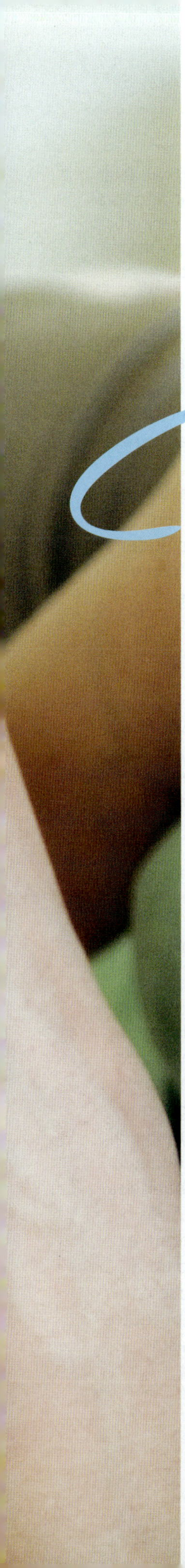

Mais SAÚDE

Uma das maiores preocupações no primeiro ano é a saúde do bebê. Bastam uma febre alta, uma dor ou um sintoma desconhecido para que os pais se sintam apreensivos. Por isso, selecionamos algumas doenças comuns da infância para você tirar todas as suas dúvidas. E lembre-se: ao surgir qualquer sintoma, procure o pediatra de sua confiança

1. Acne

Nas crianças, a acne costuma aparecer no rosto, caracterizando-se como um sintoma típico dos recém-nascidos, podendo se estender até os 6 meses de idade. Cerca de 30% dos bebês apresentam acne neonatal, sendo a causa provável o excesso ou a instabilidade hormonal – isto é, os hormônios maternos ainda estão presentes no organismo dos pequenos. Por ser um problema temporário, não existe necessidade de tratamento.

Evite o uso de óleos ou cremes, que poderão agravar o quadro. Utilize apenas sabonetes específicos para bebês e mantenha a unha do pequeno sempre bem cortada, para que ele não se arranhe e lesione ainda mais o local.

2. Assaduras

A presença de fezes e o acúmulo de urina na fralda irritam a pele do bebê, e a umidade da região é uma das principais causadoras de assaduras. Por isso, é fundamental que a fralda seja trocada e a pele limpa várias vezes ao dia.

Algumas crianças, por possuírem a pele mais sensível, são mais propensas a desenvolver assaduras. Mas outra razão pode ser a marca da fralda descartável escolhida. Para saber, vale fazer um rodízio de marcas, até descobrir qual delas está provocando o sintoma. Vale, também, a cada troca de fraldas, usar uma pomada para prevenir assaduras, sempre seguindo a orientação do pediatra.

Quando o bebê evacuar, o ideal é lavar o local com água morna. Outra opção é fazer a limpeza com algodão e água morna. O uso de lenços umedecidos deve ser evitado. Use-os apenas quando estiver fora de casa.
Além disso, a pele do bebê precisa respirar. Assim, deixe seu filho sem fradas o máximo de tempo que puder e aproveite para colocá-lo por cerca de 5 minutos com a região afetada recebendo luz solar.

3. Brotoeja

A brotoeja é um problema sem gravidade, que acontece com mais frequência no calor e em regiões mais quentes do País. Caracteriza-se por uma erupção branco-perolada ou rosada, que surge geralmente no rosto ou nas dobrinhas do bebê, locais onde o suor se concentra. Mesmo sendo uma alteração sem complicações, o médico vai confirmar o diagnóstico e orientar sobre os procedimentos a serem tomados. Uma dica é deixar o bebê com pouca roupa quando o clima estiver muito quente.

No dias mais quentes, prefira vestir seu bebê com roupas leves e evite o uso de tecidos sintéticos, optando sempre pelo algodão, principalmente nas peças que entram em contato direto com a pele. No banho, verifique a temperatura da água antes de colocar o pequeno na banheira. O ideal é que ela esteja morna. Após o banho, seque o bebê delicadamente e deixe-o um pouco sem roupas, para a pele secar naturalmente. Converse com o pediatra sobre a utilização de produtos que absorvem o suor, como a pasta d'água.

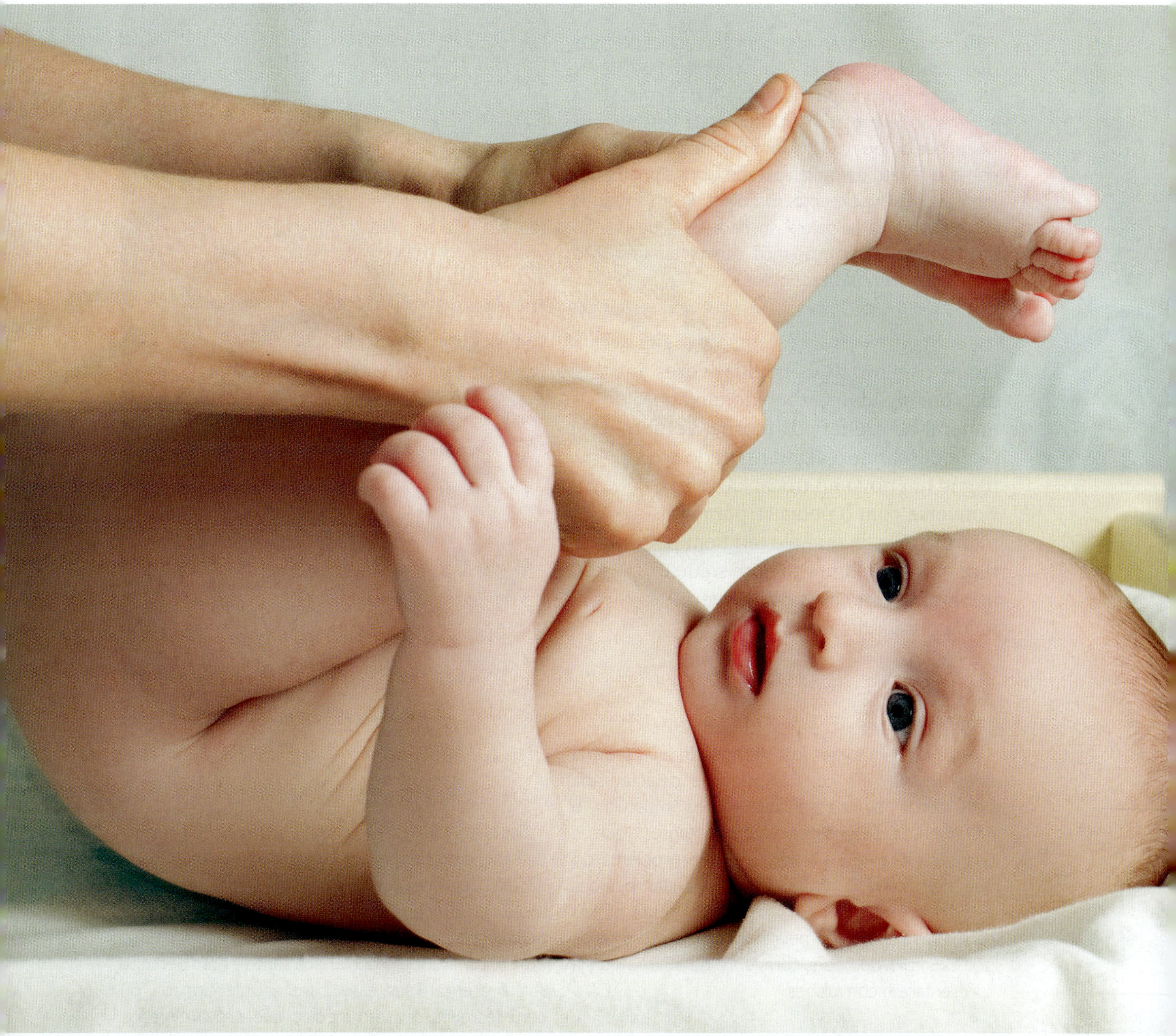

4. Cólicas

Sem dúvida, essa é uma das causas mais relatadas de choro entre os pequenos. Em geral, a cólica surge quando o bebê está com duas ou três semanas de vida. E as crises geralmente acontecem no mesmo horário, em vários dias seguidos, podendo durar minutos e até horas. Manter a calma e a serenidade do ambiente são as primeiras medidas a serem tomadas.

Na hora da crise, algumas medidas podem ajudar, como colocar o bebê, só de fraldas, deitado sobre a barriga da mãe ou do pai. Massagens na barriga e passeios ao ar livre também costumam funcionar. O uso de remédios é de pouca ajuda, mas, em último caso, os pediatras podem recorrer a eles.

5. Conjuntivite neonatal

O recém-nascido, nos primeiros dias de vida, pode apresentar uma leve irritação nos olhos, chamada conjuntivite neonatal. Trata-se de uma inflamação leve e comum, provocada pela entrada de sangue ou outros líquidos nos olhos do pequeno, como o nitrato de prata aplicado, obrigatoriamente, logo após o nascimento. Os olhos ficam irritados, vermelhos e as pálpebras inchadas e grudadas ao acordar. Pus e secreção nos cantos também são alguns dos sintomas esperados.

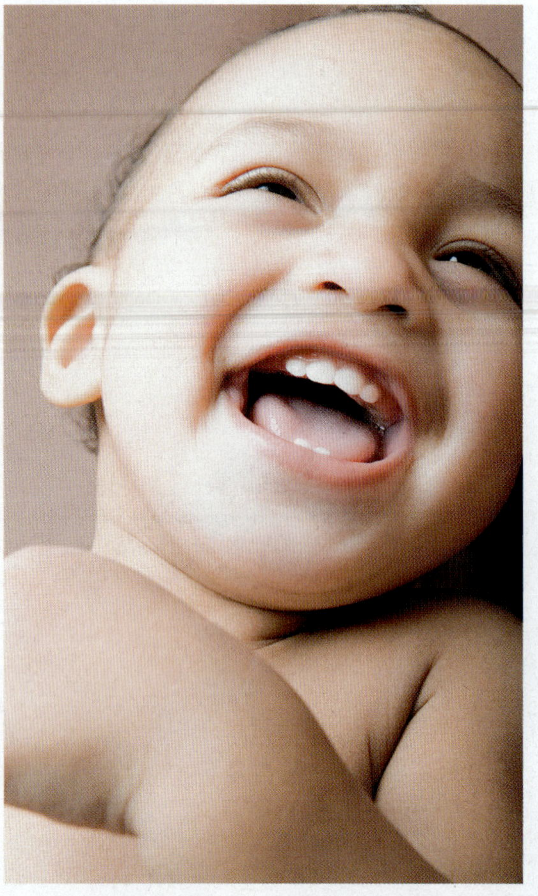

Limpe os olhos do bebê duas vezes ao dia com algodão embebido em água mineral ou pré-fervida morna. Lembre-se de descartar o algodão usado e pegue um novo ao trocar de olho. Converse com o pediatra para mais informações, já que ele também poderá recomendar a limpeza com solução fisiológica. Em casos mais severos, o médico irá indicar um colírio.

6. Convulsões

A subida rápida da temperatura corporal pode resultar em convulsão, que é caracterizada pela perda de consciência, rigidez muscular e movimentos desordenados. No entanto, algumas crianças estão mais propensas a esse problema do que outras. Ao contrário do que muitas pessoas acreditam, a convulsão ocorre pelo aumento rápido da temperatura, e não pela febre alta. Existem casos, por exemplo, de bebês com febre de 38,5°C que já apresentaram convulsões.

A primeira medida a ser tomada no momento da convulsão é colocar a criança no chão, sempre com bastante espaço em volta, e ficar com ela, promovendo sua segurança, mas sem restringir seus movimentos. Assim que passar, procure imediatamente o médico.

7. Crostinhas

Sabe aquele "cascãozinho" que encobre a pele da cabeça do bebê? Essa crostinha, chamada Crosta Láctea, aparece preferencialmente na região da moleira do recém-nascido, mas, às vezes, se espalha pelo corpo, produzindo uma irritação. Embora tenha uma má aparência, o bebê nada sente e nem percebe sua presença. Mas caso parecer infeccionada ou com secreções, avise o médico que, provavelmente, receitará uma pomada específica.

As crostinhas podem ser removidas com óleo de amêndoas, aplicado por volta de quatro horas antes do banho, para que amoleçam e se soltem ao contato com a água.

8. Dentinhos

Os cuidados com os dentes devem começar antes da primeira dentição, mesmo porque os de leite podem comprometer a formação dos dentes permanentes. Ou seja, fique sempre atenta à higiene bucal do seu nenê. Mesmo sem sinal dos primeiros dentinhos, após cada mamada, limpe a gengiva do bebê com fralda umedecida em água filtrada. O segredo é prevenir sempre. Além disso, é importante que a criança acostume desde cedo a limpar toda a boca. Lembre-se: todos os tipos de leite provocam cáries, portanto, a prevenção é imprescindível.

Com uma escova unitufo ou uma haste flexível, uma gaze ou mesmo a ponta de uma fralda umedecida, limpe toda a boca e os dentinhos do bebê após cada refeição. Porém, caso o pequeno tome leite artificial e adormeça logo após a mamada, ofereça água para retirar os resíduos de leite que ficam na boca.

9. Descamação

A pele do bebê é muito sensível, por isso alguns fatores podem desencadear sua descamação. Nos recém-nascidos, então, essa sensibilidade é ainda maior. Chamada de dermatite, essa alteração não provoca dor nem incômodo, mas caso você perceba alguma reação diferente, como vermelhidão, avise o médico, para que ele investigue se é alguma alergia.

Prefira banhos rápidos usando água morna e sabonetes neutros, em pequena quantidade.

10. Diarréia

Nos primeiros três meses de vida, o bebê amamentado com leite materno costuma evacuar fezes quase líquidas várias vezes ao dia, principalmente após as mamadas. Ou seja, é uma reação normal do organismo. Contudo, se o seu filho apresentar fezes muito diluídas, de cor esverdeada (sem ser o mecônio dos primeiros dias), você deve relatar o fato ao médico, a fim de evitar a desidratação – que, em crianças pequenas, pode levar à morte. Procure um pronto-atendimento caso seu filho esteja com diarréia a mais de seis horas ou se estiver evacuando sangue.

A desidratação pode ser evitada com a ingestão de líquidos. Portanto, ofereça bastante leite e água ao bebê. Além disso, tenha cuidados extras com a higiene, lavando bem às mãos a cada troca de fraldas.

11. Dor de ouvido

Esse problema costuma causar choro e muito incômodo, uma vez que os sintomas mais comuns das otites médias secretoras são dor forte, de rápido aparecimento, irritabilidade, febre e, eventualmente, saída de secreção do ouvido acometido. Nos quadros crônicos, os sintomas são otorréia (saída de secreção pelo ouvido) e diminuição da audição. As otites médias são tratadas com analgésicos e antibióticos. Em crianças mais velhas, quando há muita secreção, pode-se usar, também, descongestionantes ou fluidificantes.

Algumas medidas de prevenção podem diminuir a probabilidade de a criança desenvolver otite:
No banho, evite que a água entre nos ouvidos.
Não use hastes flexíveis dentro do ouvido. Enxugue apenas a parte externa com toalha.
Nos bebês, a tuba auditiva, região que comunica a faringe com o ouvido, assume uma posição horizontal quando a criança está deitada. Dessa forma, evite dar de mamar com o pequeno deitado, já que pode ocorrer a passagem de leite para o ouvido médio.

12. Febre

Quando o assunto é a elevação da temperatura corporal, a primeira coisa a saber é que raramente um recém-nascido tem febre, mesmo quando apresenta alguma infecção. A temperatura normal da criança gira em torno de 36°C e 37,3°C, podendo variar de acordo com o clima, a quantidade de roupa e até mesmo um comportamento mais ativo do bebê. Acima de 37,8°C já pode ser caracterizada febre, isto é, o sintoma de alguma doença. A febre é a elevação da temperatura do corpo ocasionada pela agressão de alguma bactéria ou vírus. Quando sobe, significa que os anticorpos do organismo estão reagindo na tentativa de combater os microorganismos.

Perceba alguns sinais que podem indicar febre no seu filho, como palidez, tremores de frio, testa quente, bochechas vermelhas, corpo quente e extremidades (pés e mãos) frias. Nos meninos, os testículos ficam murchos e mais enrugados. Na dúvida, tenha sempre um termômetro na farmacinha do seu bebê para eventuais necessidades.

Ao diagnosticar a febre, procure um médico, que vai verificar a necessidade de uso de um antitérmico. Além disso, vista-o com roupas frescas, dê-lhe um banho morno e ofereça bastante líquido, já que ele tenderá a transpirar excessivamente.

O banho morno ajuda a baixar a febre e provoca bem-estar. Encha a banheira com água morna até a altura do tórax da criança, deixando-a brincar e esfriar o corpo por, aproximadamente, 20 minutos.

13. Gengivas inchadas

Quando os primeiros dentinhos começam a surgir, é normal o bebê ficar incomodado. Isso porque a gengiva incha, fica mole e aumenta a produção de saliva, fazendo o pequeno babar bastante. Trata-se do surgimento dos dentinhos, que vem sempre acompanhada de choro, irritação e mãos na boca. Durante essa fase, é esperado que o pequeno recuse a papinha por sentir desconforto ao comer.

A primeira dica é ter muita paciência. Ajude seu filho oferecendo a ele mordedores frios e massageando sua gengiva com gaze embebida em água morna. Caso perceba que a irritação não cede, peça orientação ao pediatra, que poderá indicar alguma pomadinha com efeito anestésico.

14. Icterícia

A icterícia é um problema comum aos recém-nascidos, mas que, na maioria das vezes, não causa maiores complicações. O bebê apresenta a pele e os olhos amarelados pelo acúmulo de uma substância chamada bilirrubina, que deixa de ser metabolizada da maneira necessária pelo fígado. Algumas crianças são diagnosticadas ainda na maternidade e são tratadas com banhos de luz, a fototerapia, enquanto outras amarelam apenas em casa, necessitando tomar banho de sol diariamente ou, em alguns casos, retornar ao hospital.

Nas primeiras semanas após o parto, observe a coloração do seu filho. Ao notar qualquer alteração, relate imediatamente ao médico.

15. Manchas

Muitos bebês apresentam pápulas (bolinhas) sobre uma região avermelhada da pele, conhecidas como eritema tóxico. Apesar do nome, não é causado por nenhum tipo de intoxicação. Desaparecem logo após as primeiras semanas, sem tratamento. Mas se as manchas tiverem coloração roxa ou vermelho-escura, consulte o médico.

16. Prisão de ventre

Quando o bebê tem prisão de ventre, ele evacua menos vezes do que de costume, podendo, inclusive, ficar dias sem fazer cocô. Nos recém-nascidos, esse quadro é comum e vem associado às cólicas.

O hábito intestinal do bebê que mama no peito pode ser muito variável. Alguns evacuam a cada mamada enquanto outros podem ficar até uma semana sem evacuar. Já os pequenos amamentados com leites artificiais sofrem mais com essa constipação.

Se seu filho já come papinhas, é hora de caprichar nos alimentos ricos em fibra, como as frutas, os legumes, as verduras e as leguminosas (feijão, lentilha, grão-de-bico e ervilha), assim como milho, aveia, arroz e macarrão integrais. Eles ajudam o intestino dele a funcionar corretamente.

17. Regurgitação

A regurgitação é um sintoma do refluxo gastroesofágico caracterizada pelo retorno de pequenas quantidades de alimento do estômago. Esse refluxo pode ser fisiológico ou patológico. No refluxo fisiológico o bebê não apresenta nenhum outro sintoma além da regurgitação e não há nenhum prejuízo à saúde da criança. Já no refluxo patológico, as regurgitações são acompanhadas de outros sintomas como anemia, diminuição do ganho de peso e complicações respiratórias.

Levantar a cabeceira do berço, para que a cabeça do pequeno fique mais elevada do que seu tronco, pode ajudar a diminuir o problema.
Outra medida importante é o fracionamento das refeições, ou seja, aumentar o número e diminuir o volume das mamadas.

18. Gripe e resfriado

A primeira coisa a saber é que há diferença entre gripe e resfriado. O resfriado é uma infecção aguda causada por vírus, mas que não provoca febre. As principais manifestações são obstrução (nariz entupido) ou secreção nasal (coriza). Já a gripe é uma infecção respiratória aguda causada por um vírus específico chamado Influenza, que ocasiona febre, fadiga, coriza, tosse, dor de cabeça e dor de garganta. Em ambos os casos, a dica para o tratamento é hidratar a criança ao máximo. No caso dos bebês alimentados no seio materno, não é preciso oferecer outro líquido além do leite, pois ele é capaz de fazer a hidratação. Já os pequenos que recebem leite artificial e papinhas devem ingerir bastante água, sucos e chás ao longo do dia. Além disso, manter o ambiente com uma temperatura agradável e bastante arejado é outra medida importante, assim como não agasalhar demasiadamente a criança.

Lembre-se: remédios descongestionantes e antitérmicos devem ser usados apenas sob prescrição médica, pois só o pediatra é capaz de indicar as doses e o medicamento correto para cada idade e cada caso.

Para facilitar a respiração durante o sono, eleve a cabeceira do berço. Isso pode ser feito colocando-se um travesseiro embaixo do colchão, exatamente onde fica a cabeça do bebê, ou um apoio nos pés do berço. Para descongestionar as narinas, pode-se aplicar soro fisiológico quantas vezes forem necessárias, assim como fazer inalações com soro fisiológico, que ajudam bastante a aliviar o desconforto nasal.

19. Soluços

Os soluços costumam ocorrer em duas situações: após as mamadas, quando o bebê está de barriga cheia, e quando está com frio, por falta de agasalhos ou fraldas molhadas.

No primeiro caso, assim que ocorrer o esvaziamento do estômago, o problema cessa. Vale lembrar que esse esvaziamento acontece rapidamente quando a criança é amamentada no seio em razão da alta digestibilidade do leite materno. Já no segundo caso, basta trocar o bebê ou agasalhá-lo melhor.

20. Sapinho

O sapinho é uma infecção causada por fungo que existe no ar, nas mãos, na boca e nos intestinos, chamado monília, que se multiplica no organismo que se encontra com a imunidade baixa. Como o recém-nascido ainda tem poucas defesas contra infecções, torna-se alvo fácil. Portanto, fale com o pediatra ao notar o surgimento de bolinhas esbranquiçadas na boca do seu filho. E saiba que, durante o tratamento, a criança pode apresentar dificuldade para se alimentar, porque sentirá incômodo.

Ofereça alimentos de fácil ingestão e não se esqueça de caprichar na higiene de mamadeiras, bicos e copinhos. No caso da amamentação natural, tenha mais cuidado com a higiene dos seios Caso apareçam placas brancas nos mamilos, avise também o médico, pois é sinal de que o fungo está se propagando também em você.

21. Tosse

Geralmente, a dor de garganta e a tosse estão associadas a outras doenças, como gripes e resfriados, mas também podem decorrer de infecção nas vias respiratórias ou irritação na traquéia. Na maioria dos casos, não representam gravidade, mas suas origens precisam ser descobertas e tratadas. No caso de as amígdalas inflamarem, o quadro pode evoluir, causando febre, dores, dificuldades ao engolir e, em crianças pequenas, dores de barriga. Se a tosse é úmida, com catarro, pode significar uma infecção nas vias respiratórias. Apesar de não ser grave, pode ser sintoma de asma ou pneumonia. Ou seja, em quaisquer desses casos, é preciso procurar o pediatra para que ele examine o local e ouça a respiração do bebê. Quando a dor de garganta é leve, geralmente não requer tratamento, mas merece observação. Se for constatada a presença de infecção bacteriana, o médico pode receitar um antibiótico. Mas lembre-se: nem toda infecção de garganta é causada por bactérias, por isso nunca medique seu filho sem a prescrição médica.

22. Vômito

O vômito pode ser sintoma de algumas doenças. Por isso, sempre deve ser relatado ao pediatra. Muitas vezes, é difícil distinguir o vômito da regurgitação. O vômito, geralmente, é precedido de náuseas e a quantidade de alimento eliminado é maior: o bebê devolve quase tudo que ingeriu. Praticamente todo bebê (uns com mais intensidade do que outros), devolve naturalmente um pouco de leite após as mamadas, isto é a regurgitação (golfada).

Se for um vômito acidental, sem repercussão no estado geral da criança, relate ao médico, mas continue com a alimentação normal. Caso seu bebê vomite muito depois de todas as mamadas, esteja com a boca seca, os olhos e a moleira fundos e passar mais de cinco horas sem urinar, procure rapidamente um pronto-socorro.

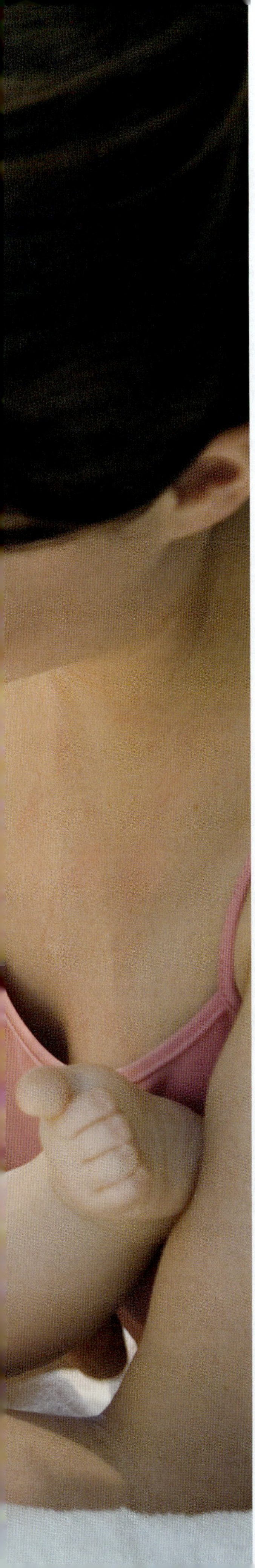

Bebê LIMPINHO

O banho, a troca de fraldas, o corte das unhas... Aprenda sobre os cuidados básicos para seu nenê ficar limpo e saudável

Quando o bebê é ainda um recém-nascido, o banho não é exatamente a hora mais feliz do dia. E uma das principais razões para isso é que o pequeno sente frio devido ao fato de o sistema que regula a temperatura corporal não ser ainda eficaz. Sem falar que a mamãe é um pouco desajeitada nesses primeiros dias – o que é normal pelas inseguranças que rondam a cabeça materna nesse comecinho.

Com o passar dos dias, entretanto, o bebê vai se acostumando com a água até que começa a adorar o momento do banho. A partir dos quatro meses, as brincadeiras na banheira vão ser o máximo para ele, e o difícil mesmo será tirá-lo da bagunça.

PASSO A PASSO PARA UM BANHO FELIZ

• Passo 1

Providencie tudo o que o bebê e você vão precisar. Em seguida, deixe a água pronta, lembrando-se de misturar água fria com quente na banheirinha e de testar a temperatura com o cotovelo ou com termômetros de banheira.

Está tudo pronto? Então, tire a fralda do pequeno e limpe-o. Limpe cuidadosamente as fezes e urina do bebê, pois não se deve colocá-lo sujo no banho para não contaminar a água. Depois tire o restante da roupinha.

• Passo 2

Já peladinho, enrole-o na toalha de banho, para que não sinta frio no trajeto entre o quarto e o banheiro. Ainda enrolado, segure-o com uma mão e braço, para que o outro fique livre. Lave primeiramente o rosto, as orelhinhas (só por fora) e em volta da boquinha. Em seguida, passe uma pequena quantidade de sabonete líquido neutro na cabecinha e enxague. Seque o rostinho e a cabeça com uma toalha de fralda, que é bem macia.

• Passo 3

Com a cabeça sequinha, desenrole-o da toalha e coloque-o na água, de barriga para cima. Apóie a cabeça e o pescoço dele em seu braço com firmeza. Passe o sabonete líquido neutro por todo o corpinho, nas mãos e nos pés. Cuidado para não entrar água no ouvido. Lave, também, os genitais com delicadeza. Depois, é a vez das costas e do bumbum. Para isso, apóie uma de suas mãos na axila do bebê e gire-o devagar, deixando-o de barriga para baixo. Lembre-se de que ele deve ficar apoiado em seu antebraço bem na altura do tórax.

• Passo 4

Depois, para tirá-lo da água, é só segurar com firmeza e enrolá-lo na toalha. Leve-o até o trocador, secando muito bem todo o corpinho, inclusive e principalmente as dobrinhas, coloque a fralda e a roupinha. Pronto, seu bebê está limpinho e cheiroso.

Nos primeiros meses, cinco minutos na água são suficientes. Esse tempo pode ir aumentando à medida que o pequeno for crescendo, e você verá que a hora do banho vai se tornar uma farra. Para isso, coloque alguns brinquedos na água para ele se distrair.

ALGUMAS DICAS SÃO FUNDAMENTAIS PARA FACILITAR O BANHO

- Nos primeiros dias, prefira os horários mais quentes, como o próximo do almoço.
- Não ultrapasse cinco minutos no banho, para o bebê não sentir muito frio.
- Deixe tudo o que você vai precisar previamente separado: sabonete, de preferência líquido e neutro, toalha, fralda e roupa limpa.
- Com o passar do tempo, o banho pode ser um pouco mais demorado. Aproveite para brincar com seu filho na água. Vocês vão se divertir juntos!

Cuidados com o coto umbilical

Limpar o coto umbilical, ao contrário do que muitas mães pensam, é bem simples. Para se entender melhor, o cordão umbilical era o responsável por levar os nutrientes e o oxigênio da placenta para o feto durante a gravidez. Logo após o nascimento, ainda na sala de parto, o médico corta o cordão, deixando um pedaço, que é preso por um tipo de grampo específico (chamado clamp) que segura o coto e impede que ele sangre.

A maioria das mães tem certa aflição em tocar o local por medo de machucar o bebê. Mas saiba que o coto não dói e é muito importante que seja higienizado de forma correta, para não infeccionar. Caso você perceba que a região em volta do umbigo está avermelhada e com secreções, avise imediatamente o médico.

No banho, lave o local com água e sabonete neutro. Em seguida, seque delicadamente e sem esfregar. Limpe o umbigo com uma haste de algodão embebida em álcool a 70%, vendido em farmácias e drogarias. Importante: basta levantar o coto e limpar embaixo dele. Não use qualquer tipo de curativo nem faixas e deixe de lado as crendices populares.

A limpeza deve ser feita após o banho e a cada troca de fraldas, se o coto estiver molhado por urina, fezes ou secreção. Você vai perceber que a região vai ficando seca e escura até que o coto se desprende da pele e cai sozinho. Não force sua retirada. Ela deve acontecer naturalmente, por volta de uma a duas semanas após o nascimentwo do bebê.

Se ocorrerem discretos sangramentos, sujando um pouco a fralda, não se preocupe, pois é normal. Um detalhe importante: pode ser que o bebê chore quando você começar a limpar o local. Trata-se apenas de uma reação do pequeno ao "geladinho" do álcool, e não dor, como se pode pensar.

TROCA DE FRALDAS

Fazer a higiene íntima dos pequenos esconde alguns segredinhos. Será que vou machucar o bebê? Devo puxar a pelinha do pênis? Parece simples, mas há algumas coisas que você precisa saber. E a primeira delas é que existem diferenças na hora de limpar meninos e meninas.

• Meninos

Aparentemente, limpar meninos parece ser mais fácil do que meninas. Mas esteja preparada para levar alguma esguichada de xixi de vez em quando. É normal os garotões fazerem isso bem na hora em que você abre a fralda. Portanto, deixe sempre uma fraldinha ou um pano no trocador.

Nos meninos, o maior cuidado que se deve ter é em relação à pele que cobre o pênis. Atualmente, a maioria dos pediatras orienta a puxar delicadamente o prepúcio (nome dado a essa pele) para tirar resíduos. Mas atenção: nunca puxe com força. A dica é aproveitar a banho para fazer a limpeza, já que a água e o sabonete neutro deixam a pele mais macia, facilitando que você mexa no local. Para as trocas de fraldas, confira as dicas:

No trocador, retire a fralda e use a parte limpa dela para retirar o excesso de cocô. Depois, comece limpando o pênis com água morna.

Passe algodão no sentido do pipi para o ânus e nunca reaproveite o algodão já sujo, descartando-o.

Limpe as dobrinhas e a virilha, afaste os testículos e limpe também os resíduos acumulados por baixo dele.

Depois da limpeza, seque o local e passe uma pomada antiassaduras, evite passá-la na ponta do pênis.

• Meninas

Nas pequenas, a uretra é mais curta, e o ânus é mais próximo da vagina. Isso faz que exista risco de contaminação pelas fezes, que podem resultar em uma infecção urinária, por exemplo. Portanto, a higienização precisa ser rigorosa. Vamos a ela:

Abra a fralda e retire o excesso de fezes com lenços macios de papel ou utilizando a parte limpa da fralda.

Levante as perninhas e abra a vulva. Com um algodão embebido em água morna, remova os resquícios de cocô. Cada vez que utilizar um algodão, descarte-o imediatamente.

Com outro algodão limpo e umedecido, limpe bem as dobrinhas, o bumbum e a região que vai até a barriguinha. Importante: limpe sua pequena sempre no sentido da vagina para o ânus, evitando as contaminações.

Depois de bem limpa, seque-a com algodão e, em seguida, aplique um creme contra assaduras. Depois, é só colocar e fechar uma fraldinha limpa.

Massagear faz bem

Antes do banho, invista em uma massagem suave no seu bebê. Ele vai adorar. Sem contar que a sensação de bem-estar e aconchego ajuda a aliviar as cólicas, diminui as chances de irritação e é uma grande oportunidade de fortalecer o contato entre pais e filho. Confira cada um dos benefícios desse ato de amor.

Calmo e sem cólicas

Na massagem, todos os grupos musculares são trabalhados, promovendo calma, relaxamento e auxiliando no sono.

Para reduzir as cólicas, existem exercícios específicos para a região do ventre. Faça movimentos circulares com as mãos em cima do abdome do bebê, no mesmo sentido do intestino, e movimentos de vai-vem também sobre a barriguinha, para eliminar os gases e, assim, reduzir as cólicas.

Aumentando o vínculo afetivo

Graças ao contato pelo toque com a pele, os laços de amor entre pais e filho se fortalecem cada vez mais. Durante esse momento, aproveite para não apenas tocar, mas também olhar nos olhos do seu filho, sorrir para ele e conversar.

Ao ser delicadamente tocada, acariciada, carregada no colo, aconchegada, confortada e ao receber as verbalizações carinhosas típicas para bebês, a criança aprende a também tocar delicadamente, a acariciar, a aconchegar, a confortar e a emitir as mesmas verbalizações de amor ao outro.

Como massagear

Não tenha medo. Fazer massagem em bebês é bastante simples, bastando realizar movimentos com certa firmeza nas mãos previamente umedecidas em óleo próprio para fazer massagens em bebês.

Antes de começar, proporcione um ambiente calmo, acolhedor e quentinho, já que o bebê deve ficar apenas de fralda. Comece percorrendo suas mãos pelos braços, peito e barriga do bebê. Depois, vá até as pernas e costas.

Certifique-se de que suas unhas estão curtas, para não machucar a pele sensível do bebê. E não realize nenhum tipo de massagem se o seu filho estiver doente, com febre, fome ou se tiver acabado de mamar.

Consultorias: dr. José Claudionor da Silva Souza, pediatra do Hospital e Maternidade Santa Joana (SP). Dra. Deborah Supino, formada em fisioterapia pela Universidade Paulista e em Reeducação Postural Global (RPG) pelo Sindicato dos Fisioterapeutas e Terapeutas Ocupacionais no Estado de São Paulo (Sinfito-SP). Atualmente, faz especialização em Psicologia Junguiana com abordagem corporal e desde 2003 trabalha com mobilização Neural e Técnicas Osteopáticas. Também ministra cursos de Shantala e desenvolve projeto aliando o corpo e a escuta terapêutica.

Hora da comidinha!

No primeiro ano de vida, o bebê vai conhecer um mundo de sabores. Leite materno, frutas, legumes e verduras serão a base da alimentação do pequeno, iniciando hábitos alimentares saudáveis que ele carregará por toda a sua vida

Primeiro vem a amamentação, uma experiência ímpar tanto no aspecto nutricional quanto no emocional. Com a oportunidade de ser alimentado no seio materno, o bebê recebe uma proteção extra contra doenças e estabelece o primeiro vínculo de amor com a mãe.

Depois, a introdução de novos alimentos marca a entrada do bebê no seio familiar. "Conforme a criança vai crescendo, fazer as refeições em horários próximos aos dos adultos faz que ela se sinta pertencente a um grupo especial, que é a sua família. Nesse núcleo, continuará desenvolvendo as matrizes de seus comportamentos, que serão repetidas pela vida afora", explica o pediatra dr. Rui Paiva.

Desde a amamentação, os bons hábitos e o paladar do seu filho estarão sendo formados. E para que ele tenha uma ótima estréia no mundo dos sabores, preparamos um guia de alimentação que vai desde o nascimento até o primeiro ano de vida. Confira.

Amamentação

Amamentar é a melhor alternativa para mãe e bebê. A exclusividade do leite materno supre em 100% as necessidades nutricionais do pequeno. Mais forte e saudável, ele irá se desenvolver com mais vigor, e as probabilidades de doenças alérgicas e infecciosas diminuem consideravelmente. Sem falar que amamentar é mais prático: não precisa esquentar o leite nem lavar mamadeiras; é também mais econômico: seu organismo que produz. Além de todos esses benefícios, o maior de todos talvez seja o mais simples e importante: consiste na troca de emoções entre mãe e filho, criando um vínculo de amor cada vez mais forte.

A OMS (Organização Mundial de Saúde) revelou uma pesquisa surpreendente. Mesmo a amamentação sendo iniciada em 97% das mamães após o parto, 43% delas interrompe antes de o bebê completar sequer três meses de idade. E esse declínio está extremamente ligado com a pega errada, já que 58% das que amamentam apresentaram algum tipo de machucado no mamilo. Para evitar que você faça parte desses tristes números, peça orientação ao seu médico e não desista de dar de mamar ao seu filho. Tenha sempre em mente que amamentar no seio vale muito a pena.

NA PRÁTICA

Escolha um local tranquilo para amamentar seu bebê, pois esse momento deve ser preservado. Esqueça os telefonemas, a televisão ou a conversa com as visitas, principalmente no começo, quando tanto você quanto o bebê estarão se conhecendo. Procure uma posição confortável para ambos e não se esqueça de lavar as mãos com água e sabão antes de iniciar a amamentação. Caso as mamas estejam muito cheias, retire um pouco de leite antes de oferecer ao bebê, assim a pega será mais fácil. Além disso, verifique se a aréola está macia e flexível. Caso esteja endurecida, faça uma massagem suave de movimentos circulares com a ponta dos dedos. A seguir, faça uma ordenha manual, colocando o polegar acima da região de transição onde acaba a parte escura da aréola, e os dedos indicador e médio na parte inferior, em posição oposta ao polegar. Uma dica importante é você sempre retirar um pouco do leite e passá-lo em volta dos mamilos, antes e após a mamada. Esse simples cuidado ajuda a proteger o mamilo de fissuras.

Ao amamentar, sustente a mama com a sua mão em forma de "C", apoiando os quatro dedos sob ela e posicionando o polegar afastado da aréola, fazendo uma suave compressão para sair algumas gotas de leite. A seguir, toque o mamilo no lábio inferior do bebê, para que ele abra a boca e abocanhe o mamilo e parte da aréola, como se fosse uma boca de peixe. A pega correta evita lesões nos mamilos.

Para retirar o bebê do seio no momento de trocar de lado, não o puxe. Ao contrário, use a técnica do dedo mínimo: coloque-o delicadamente no canto da boquinha para que ela se abra e coloque-o no outro mamilo. Ao término da mamada, posicione o bebê para arrotar e, depois, acomode-o no berço de barriga para cima.

Tempo e intervalo entre as mamadas

Em geral, a duração de cada mamada é de 15 a 20 minutos em cada mama. Após sugar de um lado, coloque o bebê em posição vertical para arrotar. A seguir, coloque-o do outro lado. Lembre-se de iniciar pela última mama oferecida na mamada anterior. No entanto, se ele adormecer antes de trocar de mama, na próxima mamada comece por ela.

Quanto ao intervalo, não existe uma regra. Nos primeiros dias, provavelmente, o bebê será amamentado sem muita regularidade. Se ele ficou satisfeito em uma mamada, poderá solicitar a outra após um intervalo de 2 a 4 horas, totalizando de 8 a 12 mamadas em 24 horas nas primeiras semanas de vida. Progressivamente, ele estabelecerá naturalmente intervalos regulares maiores. Contudo, se ultrapassar quatro horas, desperte-o e coloque-o para mamar.

E lembre-se: o ideal é oferecer leite materno como alimento exclusivo até o sexto mês, isto é, sem necessidade de água, chá, sucos, sopas ou papinhas.

Paladar exigente

No início, o bebê pode fazer cara feia ao experimentar novos alimentos. Isso acontece porque o único sabor que ele conhecia até então era o do leite materno. A introdução da alimentação começa pelas frutas justamente por terem sabor adocicado, mais fáceis de serem aceitos pelo bebê.

Outro estranhamento comum é a forma de se alimentar. Antes, era por meio da sucção e, agora, acontece com a ajuda da colher, pela deglutição. Por isso, apesar da ansiedade natural dos pais, é necessário manter a calma e a paciência ao oferecer as primeiras papinhas e sucos. Alguns bebês ficam aflitos quando engolem, enquanto outros choram querendo mais, pois antes, com o leite, recebiam um volume constante de alimento. No caso das papinhas, eles têm de ter o tempo de deglutir, engolir e aguardar a próxima colherada.

Normalmente, a maioria dos bebês aceita bem os alimentos. Mas alguns fatores podem atrapalhar o apetite. Se a criança estiver com sono ou cansada, ficará irritada e a hora da papinha pode se transformar em um momento de estresse total. Se a fralda estiver suja de cocô ou o bebê estiver sentindo algum incômodo, como frio, calor, cólica, prisão de ventre, ele pode recusar a comida. Além disso, o sabor da refeição também pode desagradar o pequeno. É preciso analisar cada um desses fatores diante de uma recusa em se alimentar. E lembre-se de experimentar sempre a comida antes de oferecê-la ao bebê, analisando o sabor e a temperatura.

AMAMENTAR COM LIVRE DEMANDA

Uma consideração importante levantada nos últimos estudos sobre aleitamento materno se refere à frequência das mamadas. Recomenda-se livre demanda até os seis primeiros meses de idade. "Assim quando o bebê desejar, é preciso oferecer o peito sem imposição de horários", ensina a pediatra dra. Elzimar Ricardino Almeida e Silva. Depois, a partir do sexto mês de vida, pode-se alternar o leite materno com papinhas doces e salgadas.

Sucos e papinhas doces

As frutas, primeiramente, serão oferecidas em forma de sucos, que serão dados no intervalo das mamadas da manhã. No início os sucos devem ser feitos com apenas um tipo de fruta. Quando o bebê já tiver experimentado as frutas separadamente, você pode preparar sucos com dois ou mais tipos de fruta.

A dica dos pediatras é iniciar com laranja-lima. Retire o caroço e esprema a laranja pura. Não é necessário acrescentar água nem açúcar. Comece com uma colher de chá e vá aumentando gradativamente, de acordo com a aceitação.

Os sucos mais aceitos são os de laranja-lima, maçã, pera, mamão, laranja com mamão, goiaba, tangerina e ameixa. Prepare a bebida até 15 minutos antes de servi-la, para que não perca suas vitaminas e minerais.

Após 15 dias, em média, da introdução dos sucos, a papinha de frutas poderá ser oferecida à tarde, também entre as refeições. Esse tipo de alimento ajuda a treinar a mastigação, favorece o funcionamento do intestino e é uma etapa fundamental para o bebê se acostumar aos alimentos com sal que virão em seguida. Em forma de papinha, mamão, maçã, banana-maçã e pera são as frutas mais indicadas – sempre sem açúcar. Lembre-se de que uma dieta rica em açúcar é a principal responsável pelas cáries precoces nas crianças e pode atrapalhar a introdução dos alimentos salgados futuramente. Além disso, é preciso que seu bebê aprenda a apreciar o verdadeiro sabor de cada fruta.

A escolha da fruta deve respeitar as características regionais, o custo e a estação do ano. Afinal, nenhuma fruta é contra-indicada.

FRUTAS CAMPEÃS

CONFIRA AS PREFERIDAS DOS BEBÊS E OFEREÇA-AS AO SEU FILHO.

• Pera

Rica em vitaminas A, B, C e E, proteínas, cálcio, magnésio, fósforo, potássio, ferro, carboidratos e fibras. Suculenta, agrada ao paladar infantil, funcionando como uma excelente reguladora intestinal.

• Mamão

Possui betacaroteno, vitaminas A, B e C, cálcio, magnésio, fósforo e potássio. De fácil digestão, auxilia a decomposição das proteínas e, por isso, normalmente, é uma das primeiras frutas oferecidas ao bebê.

• Banana

Rica em carboidratos, é uma ótima fonte de energia para o organismo. De fácil digestão, também possui potássio, mineral importante para o bom funcionamento dos músculos. É uma das preferidas dos bebês, pela sua consistência pastosa.

• Maçã

Possui vitaminas A, B e C, proteínas, sódio, enxofre, ferro, silício, cálcio, magnésio, potássio e cloro. É excelente para o cérebro, porque também contém ácido fosfórico. Cheia de fibras, atua no bom funcionamento do intestino.

Papinha salgada

Passados 15 dias da introdução da papa de frutas, o bebê vai estrear a papinha salgada. Saiba desde já que nem sempre a criança a aceita com tanta facilidade, pois o salgado é um sabor novo para ela. "O ideal é iniciar com os legumes mais docinhos, como abóbora, cenoura e mandioquinha, com pouco ou nenhum sal. Assim, aos poucos, o bebê vai se habituando", aconselha o pediatra dr. Renato Prandini, de São Paulo. A sopa deve ser preparada com um pedaço de carne, frango ou vísceras, um tubérculo (batata, mandioca, inhame) e uma hortaliça (legume ou verdura). A cada cinco dias, o ideal é introduzir um novo ingrediente combinado com um já experimentado. Inicie com pequenas quantidades e aumente aos poucos, conforme a aceitação do bebê.

O tempero também está liberado e consiste em cebola, pouco sal e azeite ou óleo vegetal. O preparo é simples: cozinhe todos os ingredientes até que estejam bem molinhos e amasse tudo com o garfo, no prato. Deve-se evitar o uso de liquidificador, mixer ou peneiras.

Por volta dos seis meses, você poderá oferecer uma papinha mais consistente com alguns pedacinhos, para treinar a mastigação. Nessa fase, é bem provável que o bebê já tenha quatro dentinhos. Então, a introdução de grãos, como feijão, lentinha e ervilha, também pode ser feita. É nessa idade também que iniciamos o jantar, ou seja, a criança comerá a sopa salgada também no final do dia.

Tempero das papinhas

Para preparar as papinhas salgadas, prefira os óleos vegetais e o azeite, mas sempre em pequena quantidade: cerca de uma colher das de café. Os temperos, como a cebola, podem ser usados, mas em pequena quantidade, para não carregar no sabor. Uma boa alternativa para dar um gostinho especial à sopinha é incluir cheiro-verde fresco: cebolinha e salsa bem picados.

A quantidade de sal deve ser bem controlada. O ideal é apenas uma pitada. Alguns temperos como alho, noz-moscada, cominho e pimenta estão proibidos, pois podem causar cólicas e indisposições gastrointestinais no bebê.

PAPINHA NO POTINHO

Existem no mercado papinhas industrializadas que são seguras e nutritivas. Elas são ideais para serem consumidas em passeios e viagens, pela praticidade que proporcionam. Ou seja: devem ser usadas com moderação e em ocasiões em que você está impossibilitada de preparar a sopinha caseira.

Vitaminas importantes para o desenvolvimento da criança, fontes e suas principais funções

Vitamina A	Legumes verdes e amarelos, frutas, fígado, leite integral e gema de ovo	Para o crescimento, integridade da pele e da visão
Vitamina D	Leite, manteiga, ovos, fígado e margarina	Para a formação dos ossos e dentes
Vitamina E	Cereais integrais, germe de trigo, espinafre, ovos, castanhas, soja e brócolis	Para o metabolismo das gorduras e para o aproveitamento da vitamina A
Vitamina C	Laranja, caju, acerola, goiaba, abacaxi, tomate e couve-flor	Aumenta a resistência do corpo, protege as gengivas e absorve o ferro
Vitamina B1	Cereais integrais, ovos, carnes, nozes, fígado e tomate	Auxilia no metabolismo energético e na musculatura
Vitamina B2	Cereais integrais, leite, ovos, queijo, vegetais verdes e carnes	Auxilia no metabolismo energético e na manutenção da pele
Vitamina B6	Banana, cenoura, ervilha, fígado, germe de trigo, salmão e carnes	Auxilia no metabolismo das proteínas

Ácido pantonênico	Ovos, cereais integrais, soja, carne, fígado e amendoim	Estimula a reposição dos tecidos corporais
Vitamina B12	Fígado, rins, carnes, peixes, leite, ovos e frutos do mar	Importante para a integridade das células vermelhas do sangue
Niacina	Fígado, carnes magras, peixes, germe de trigo, leite, ovos e vegetais	Importante para levar oxigênio às células
Cálcio	Leite, queijos, iogurte, sorvetes, brócolis, feijão, peixe e nozes	Importante para o crescimento e a manutenção dos ossos
Potássio	Tomate, banana, laranja, nozes, sardinha, espinafre e cereais integrais	Regula os batimentos cardíacos e as contrações musculares
Ferro	Fígado, carnes, feijão e vegetais verde-escuros	Importante na formação das células vermelhas, prevenindo a anemia
Manganês	Nozes, verduras, gema de ovo e cereais integrais	Combate a fadiga e melhora os reflexos musculares
Magnésio	Nozes, frutas, leite, cereais e legumes	Para o bom funcionamento dos anervos e dos músculos
Zinco	Frutos do mar, carnes vermelhas, peixes, ovos, cereais e feijão	Atua na síntese de proteínas, auxiliando no crescimento

Quero comer sozinho

Pode dar mais trabalho, mas, por volta dos 10 meses, a criança vai querer manipular o alimento, pegando-os com as mãos. Segurar o talher e tentar dar as primeiras colheradas será desafiador e divertido, consistindo em um ato saudável deixá-lo manipular a comida e comer com as mãos.

Uma cadeira de refeição será essencial para que o bebê explore e experimente novos sabores durante as refeições. Você perceberá que a sujeira será grande, mas tudo isso faz parte do aprendizado, até o dia em que ele vai aprender a comer sozinho.

É claro que seu filho vai precisar da sua ajuda e supervisão, pois certamente ele ainda não tem capacidade de se alimentar sozinho. Mas é importante que você permita que ele brinque com a comida. E lembre-se: crie uma rotina agradável e tranquila durante as refeições.

Armazenar as papinhas

A papinha feita em casa, sem dúvida, é a melhor opção para seu filho. Como as quantidades são pequenas, não existe a necessidade de prepará-la em todas as refeições. O mais fácil é congelar.

Faça a sopinha, deixe-a esfriar e divida-a em porções, colocando em potes previamente esterilizados e com tampa. Depois, é só levar ao freezer.

Para descongelar, deixe a papinha na geladeira até que atinja a consistência ideal. Depois, é só aquecer e servi-la ao bebê.

Atenção: não deixe a comida congelada por mais de um mês. E a papinha, depois de descongelada, pode ficar até 12 horas na geladeira. Após esse tempo você deve descartá-la. Toda comida tocada com a colher deve ser eliminada, inclusive as papinhas industrializadas. Ou seja, nada de guardar os restinhos que seu filho não agüentou comer.

Introdução de outros alimentos

Ao apresentar novos alimentos ao bebê, saiba que a quantidade oferecida precisa ser bem pequena, para você observar se haverá alguma reação intestinal ou alérgica. Se, depois de dois dias, estiver tudo normal, você poderá aumentar a quantidade.

Ofereça uma novidade por vez. Além de a criança conhecer os vários sabores e se acostumar com a variedade lentamente, se ocorrer alguma alergia, fica mais fácil identificar qual foi alimento que produziu a reação.

As frutas serão as primeiras a serem incluídas na alimentação – primeiramente, em forma de sucos, que não precisam ser adoçados, e, depois, em forma de papa ou raspadas. Semanas depois, gradativamente, será a estréia das papas salgadas. Aguarde as orientações do pediatra, que indicará qual é o momento ideal para a introdução de cada papinha.

ALIMENTOS PROIBIDOS

Antes dos 12 meses de idade, a criança deve seguir uma alimentação à base de leite, frutas, verduras, legumes, cereais, leguminosas e carne. Doces, frituras, alimentos gordurosos, carne de porco, frutos do mar e embutidos são proibidos, assim como açúcar, balas e refrigerantes. A orientação dos pediatras quanto a introdução do ovo mudou recentemente. Agora, a Sociedade Brasileira de Pediatria recomenda que ovo seja ser oferecido inteiro (gema e clara) após o sexto mês, sempre cozido.

O mel só pode ser consumido após 1 ano de idade. Isso vale, inclusive, para o preparo de xaropes caseiros que, até essa idade, não devem conter esse ingrediente.

Consultoria: dr. Sylvio Renan Monteiro de Barros, pediatra. Dr. Renato Prandini, pediatra. Dr. Rui Paiva, pediatra. Dra. Elzimar Ricardino Almeida e Silva, pediatra.

SUGESTÃO DE HORÁRIOS PARA ALIMENTAÇÃO

0 a 6 meses

MAMADA	**7h**
MAMADA	**10h**
MAMADA	**13h**
MAMADA	**16h**
MAMADA	**19h**
MAMADA	**22h**
MAMADA	**1h**
MAMADA	**4h**

6 meses a 1 ano

MAMADA	**7h**
SUCO DE FRUTAS	**9h30**
ALMOÇO PAPA SALGADA	**12h**
PAPA DE FRUTA	**15h**
JANTAR	**18h30**
MAMADA	**21h**
MAMADA	**24h**

Tempo de brincar

No primeiro ano de vida, o bebê quer interagir! E cabe a você oferecer a ele todos os estímulos necessários para o bom desenvolvimento

Sem dúvida, os pais fazem de tudo para contribuir para o desenvolvimento dos filhos. Mas para que os pequenos realmente se desenvolvam, o que eles mais precisam é de atenção, disponibilidade e o mais importante: brincadeiras, muitas brincadeiras!

É por meio do brincar que a criança inicia um processo de descobertas, aprendendo, com erros e acertos, o funcionamento do mundo ao seu redor. O simples ato de jogar um brinquedo e observá-lo cair, permite a ele entender o que é ato e consequência. Empilhando e encaixando peças, por exemplo, ele começa a construir as noções de organização.

"O brincar permite à criança aprender a interagir com os adultos, com o ambiente e com outras crianças. Trata-se de um meio de comunicação, de prazer e de recreação. Dessa forma, é imprescindível que a família estimule e tenha clareza da importância que o brincar possui", enfatiza a pedagoga Nicea Morais Gaspar.

E o brincar está presente na maior parte das interações da criança, desde a troca de fraldas até o momento da higiene e da alimentação, e não apenas nos horários determinados para os passeios. Nicea considera que uma rotina clara e compreensível para a criança é fator de segurança, devendo os pais ou responsável estar preparados para intervir, mas sempre respeitando as necessidades do bebê.

Os estímulos contribuem para o crescimento das percepções. "Desde os primeiros contatos com o mundo, a criança vai construindo suas características de personalidade, e os estímulos externos são responsáveis por essa construção", afirma a psicóloga Rosilene Alves de Souza Lima.

Dessa maneira, pais e educadores são os mediadores de tais estímulos. Eles, na verdade, precisam enaltecer e ressaltar, por meio de brinquedos, brincadeiras e passeios, o mundo da criança.

Até um ano de idade, o bebê apresenta evolução de suas percepções auditivas, motoras, visuais, táteis, gustativas e olfativas. Segundo Nicea, para promover o desenvolvimento dessas percepções de mundo, é necessário oferecer à criança brinquedos que a estimulem. Brincadeira de esconde-esconde, de encaixe e empilha são alguns exemplos que possibilitam a exploração oral, visual e sonora através da manipulação de objetos. Chocalhos, brinquedos com som, textura e móbiles intensificam a autonomia e a independência da criança.

É fundamental, dessa forma, que os brinquedos fiquem acessíveis a ela. "Tais providências evitam que a criança fique confusa, gerando dispersão e desinteresse, pois quando os materiais estão bem organizados, ela depende menos do adulto para localizá-los e se torna, portanto, mais independente", garante Nicea.

PASSEIOS: EXPLORANDO O MUNDO À SUA VOLTA

Não são só os brinquedos do bebê que serão capazes de estimular seu desenvolvimento. Passear e desfrutar de momentos de convivência com os pais será divertido para todos. Curtir tardes de sol, fazer piquenique com a família ou brincar de bola com as crianças a céu aberto são cenas raras nas grandes cidades, mas não podem ser esquecidos. "Vivenciamos momentos de dificuldades nas questões ligadas com a segurança, que trouxeram muitas mudanças de hábitos. A tecnologia também contribui para o enclausuramento, já que tudo de que precisamos podemos solicitar pelo telefone ou mesmo pela internet", ressalta a psicóloga Rosilene Alves de Souza Lima.

Esse fenômeno faz que certos estímulos deixem de ser frequentes, já que o contato com diversos tipos de som, cores, formas e texturas são de extrema importância para o desenvolvimento do bebê, além da integração e do relacionamento familiar.

ESTÍMULOS, SIM! MAS SEM EXAGEROS

Muito tem se falado e divulgado sobre métodos para que os bebês se transformem em pequenos gênios. Esses exageros devem ser postos de lado. O que o pequeno precisa é muito simples: carinho, cuidado, segurança e equilíbrio na convivência familiar. Excesso de estímulos pode estressar a criança.
Eis uma questão para refletir: hoje, a tendência é competir, conseguir e se superar. No caso das crianças, os especialistas sugerem: estimule o seu filho, mas naturalmente. Ninguém precisa ser PhD em desenvolvimento infantil e nem ler cartilhas de como ter um bebê mais inteligente. Um ambiente acolhedor, seguro e com muito carinho e atenção da família já é um estímulo e tanto para fazê-lo feliz.

Criando oportunidades de aprendizado

Tanto para a mãe quanto para o pai, a cobrança deve ser mútua em fazer as pequenas oportunidades acontecerem. Ficar em casa assistindo à televisão e cruzar os braços certamente torna os momentos de alegria e felicidade restritos, além de diminuir a integração com o bebê e suas possibilidades de desenvolvimento através dos estímulos. Contudo, ainda que pouco, é essencial que mesmo sem a presença dos pais haja alguém que estimule e que tenha contato com o brincar da criança.

Vale também ficar atento, saber policiar e adequar os estímulos tecnológicos dessa geração. Para Rosilene, evitar saídas e passeios com a família em virtude da dinâmica das grandes cidades traz uma nova geração que tem seu desenvolvimento na frente do computador e da televisão. "Dessa maneira, consequentemente, tornam-se adultos menos capacitados para lidar com a realidade lá fora", conclui.

Alguns pediatras recomendam aos pais evitar shoppings ou lugares fechados para os passeios com o bebê. Prefira lugares que envolvam o contato com a natureza, os sons dos pássaros, o balançar das árvores. Crianças que vivem nos centros urbanos têm menos possibilidades de estar em contato com a natureza, portanto, crie uma rotina diferente e aproveite os parques da sua cidade. Não se esqueça de evitar os horários em que o sol está mais quente. Prefira passear antes das 10 horas ou depois das quatro da tarde.

AS BRINCADEIRAS EM CADA FASE

1º mês

A amamentação é o contato mais direto que o bebê tem com a mãe. O ato de sugar e o contato são essenciais para o seu desenvolvimento. Nesses momentos, conversar e acariciar o bebê são excelentes estímulos.

Aproxime seu rosto, massageie o bebê após o banho ou durante a troca de fraldas. Cantarole, converse e não se sinta uma boba fazendo isso. Dando-lhe atenção, o bebê inicia um vínculo tão importante entre vocês.

Brinquedos ideais: móbiles coloridos, colocados a uma certa distância, ou brinquedinhos com músicas suaves. Evite a televisão.

2º mês

Continue estimulando seu filho por meio da conversa, de canções e muito carinho. Aproveite os momentos em que ele estiver acordado para interagir. Sorria sempre! Os momentos da amamentação, banho e troca de fraldas devem ser alegres e divertidos. Sorria, sempre!

Brinquedos ideais: naninhas, bichinhos ou bonecos de pano, bem molinhos e seguros, podem ser uma distração para o pequeno, principalmente se tiverem cores fortes.

3º mês

Nessa fase, o bebê já se movimenta mais e será capaz de responder às brincadeiras. Como ele começa a brincar com a própria mãozinha, ensine-o a pegar os objetos.

Aproveite para colocá-lo semi-sentado no bebê-conforto, por curtos períodos. Ele quer participar de tudo, inclusive do movimento da casa.

Tente variar os locais da casa: deixe-o no berço apenas na hora de dormir. O ideal é alternar bebê-conforto, carrinho e um colinho nas horas certas.

Brinquedos ideais: escolha aqueles com texturas diferentes e coloridas, pois serão estimulantes. Troque o tipo de brinquedinho de tempos em tempos. Levá-lo para um passeio ao ar livre também é ótimo.

4º mês

A cada dia que passa, o bebê quer se comunicar mais. Interage com as outras pessoas da casa, se movimenta bastante. Descobre também o que faz barulho e tenta pegar objetos. Ele se vira para os lados e já consegue levantar o tórax quando colocado de barriga para baixo. Nunca deixe o bebê sem supervisão na cama ou no trocador, ele já é capaz de virar-se e cair em segundos.

Brinquedos ideais: mais do que objetos para entretê-lo, o bebê precisa de espaço para se virar e descobrir o mundo. O cercado é uma boa opção, mas você também pode deixá-lo no chão sobre um edredom. Coloque brinquedos seguros e indicados para essa fase e deixe-o explorar. Bolas fazem sucesso! Crianças que ficam muito presas no carrinho ou no colo podem apresentar atrasos no desenvolvimento. Alguns pais ficam receosos, pois os bebês se arrastam pelo chão ou colocam os brinquedos na boca. Neste caso, basta higienizá-los com água e sabão que não causará dano algum ao pequeno.

Higienização dos brinquedos

Não tem jeito, os bebês levam tudo à boca, principalmente os brinquedos. A questão é saber até que ponto os micróbios podem atingir a criança.

Saiba que o contato com a sujeira fortalece o sistema imunológico do bebê, mas é claro que os objetos precisam ser limpos periodicamente.

Os de plástico e borracha devem ser higienizados semanalmente, isto é, lavados com água e sabão ou com pano umedecido em álcool. Bonecos de pano e pelúcias devem ser lavados mensalmente e, nesses casos, vale uma ressalva: na hora da compra, prefira os feitos com material antialérgico e que possam ser lavados na máquina. Fique atenta, também, para a correta secagem (que deve ser feita no sol), para evitar o surgimento de mofo.

Eleja uma caixa, de preferência de plástico e com tampa, para guardar os brinquedinhos, assim, além da organização, os objetos se conservarão mais limpos. Os brinquedos de banho precisam ser secos após o uso. Para isso, existem espécies de redes com ventosas que grudam no azulejo e são bem práticas.

5º mês

Tudo vai à boca. O bebê parece descobrir o mundo dessa forma! Ele já é capaz de mostrar se está feliz ou triste, tenta imitar os adultos e as crianças à sua volta. Joga vigorosamente os brinquedos no chão.

Brinquedos ideais: mordedores e chocalhos macios. O chão continua sendo o melhor lugar para ele ficar com os brinquedinhos – verifique sempre se são indicados para bebês e se possuem o selo do INMETRO

Brinquedos seguros

Antes de comprar um brinquedo, verifique se ele é apropriado para a idade da criança – através da identificação da faixa etária recomendada na embalagem – e procure o selo do Inmetro, que garante que o produto foi testado e aprovado.

Brinquedos muito pequenos ou com peças diminutas devem ser abolidos, já que a criança pode engoli-los e provocar engasgo e broncoaspiração. Esteja atento, também, à embalagem para saber se o brinquedo em questão é atóxico.

Para diminuir ainda mais os perigos, observe com muita atenção o acabamento dos olhinhos, do nariz e dos demais detalhes do brinquedo. Peças tão pequenas que podem ser facilmente descoladas é perigo na certa, já que podem ser arrancados quando levados à boca – o que acontecerá na certa.

6º e 7º meses

A grande novidade é que o bebê consegue ficar sentado. Além disso, já pode passar um objeto de uma mão para a outra. Estica os bracinhos para pedir colo.

Brinquedos ideais: livros de pano bem coloridos, com figuras grandes, vão provocar muito interesse. Aproveite e conte a história relatada nas figuras. Faça vozes diferentes de cada personagem. Ele vai se divertir!

8º e 9º meses

Alguns bebês já engatinham nessa fase e querem explorar a casa. Cuidado com remédios e utensílios pontiagudas. Como ele também adora xeretar e colocar o dedo em pequenos orifícios, é hora de tampar as tomadas com os protetores adequados.

Brinquedos ideais: os modelos com buraquinhos, como telefone, são ideais para o bebê colocar o dedo. Os de borracha e blocos grandes também de encaixe são indicados para essa fase. Deixá-lo brincar sozinho, sob sua supervisão, também será importante para o desenvolvimento dele. Intercale momentos de brincadeiras acompanhadas com outros solitários. Ele pode ficar por algum tempo observando os objetos e criando possibilidades de erros, acertos e novas brincadeiras.

11º e 12º meses

O bebê começa a escalar e a ficar de pé. Trata-se de um grande avanço no desenvolvimento. Na hora das refeições, ele vai querer pegar o talher e até mesmo os próprios alimentos para brincar. Nesta fase, ele também adora dançar. Atenção: o uso de andador não é indicado. Tenha paciência, ele vai aprender a andar!

Brinquedos ideais: modelos de puxar e empurrar serão os prediletos. Os que possuem música e os blocos de encaixe podem atrair a atenção por um tempo maior. Reveze os brinquedos, pois ele costuma enjoar. Mas, às vezes, pode ocorre o contrário: o pequeno elege o preferido e não larga mais. Brincar no banho será muito prazeroso, portanto, deixe-o mais tempo na água, sempre sob sua supervisão.

Atenção à escolha das pelúcias

No caso dos bebês, que levam tudo à boca, é imprescindível que as pelúcias sejam laváveis, diminuindo a propensão a alergias respiratórias, e que não contenham peças que possam se soltar, sob o risco de serem engolidas, provocando sufocamento. Além disso, opte por aqueles que não são 100% feitos de poliéster, como o plush. Em geral, o conjunto de fibras de algodão representa 80% de sua composição, complementando-se ao poliéster presente apenas onde os fios devem estar fixados. Outra dica na hora da compra é evitar modelos com muitas dobras, cantinhos com costuras e afins. Quanto mais detalhes houver, maior será o depósito natural de poeira.

Para a lavagem, um dos truques é lavar em água quente (55°C) e secar ao sol por, no mínimo, 90 minutos. Vale verificar na etiqueta as instruções de limpeza. De qualquer forma, mantê-los distantes do chão, para amenizar a exposição à poeira, pode ajudar.

Opções interativas e coloridas

Além das brincadeiras que aumentam a interação entre o papai, a mamãe e o bebê, é possível encontrar brinquedos que trabalham as principais funções motoras, visuais e auditivas. Neste período, as cores, os sons e os formatos têm muita importância. É o caso da Flor, da Joaninha e da Abelha musicais, fabricados pela Dican, para bebês à partir de três meses. Com tons fortes, eles trazem várias ferramentas que despertam e prendem a atenção dos pequenos.
Dican - Tel.: (11) 3611-8080
www.dican.com.br

Brincar com o papai é um barato!

Muitos homens queixam-se por ficar grande parte do dia fora de casa e não ter muito tempo para brincar com o bebê. Independentemente do tempo que você pode ficar com o seu filho, criar uma rotina de alegria quando você chega em casa pode ser muito saudável para a relação de vocês. Então, assim que retornar do trabalho, converse e brinque com ele. Você vai perceber que esses simples gestos vão começar a fazer parte da rotina e, com certeza, permanecerão na memória do pequeno, que esperará todos os dias por esse momento.

Brincadeiras prediletas

Tire o terno, a gravata e o sapato e caia na folia. Com certeza, será um grande momento de relaxamento, prazer e diversão. Que tal brincar de:

- **Aviãozinho**
segure-o no colo e gire com ele de um lado para o outro.
- **Achou o papai**
esconda seu rosto e, de repente, se mostre ao pequeno. Ele vai soltar gargalhadas de alegria!
- **Bola**
experimente jogá-la e dizer gol. É diversão na certa, mesmo entre as meninas
- **Rolar no tapete**
quer brincadeira mais divertida?
- **Papai urso**
ajoelhe-se e fique o mais próximo possível do rosto do bebê. Então, comece a brincar de fazer sons com a boca e caretas.